DOMESTICANDO PENSAMENTOS SELVAGENS

Blucher   KARNAC

DOMESTICANDO PENSAMENTOS SELVAGENS

Wilfred R. Bion

Editado por
Francesca Bion

Tradução
Luiz Carlos Uchôa Junqueira Filho

Authorised translation from the English language edition published by Karnac Books Ltd.
Título original: *Taming Wild Thoughts*
© 1997 Wilfred R. Bion
© 2016 Editora Edgard Blücher Ltda.
3ª reimpressão – 2020

Equipe Karnac Books

Editor-assistente para o Brasil Paulo Cesar Sandler

Coordenador de traduções Vasco Moscovici da Cruz

Revisão gramatical Beatriz Aratangy Berger

Conselho consultivo Nilde Parada Franch, Maria Cristina Gil Auge, Rogério N. Coelho de Souza, Eduardo Boralli Rocha

Blucher

Rua Pedroso Alvarenga, 1245, 4º andar
04531-934 – São Paulo – SP – Brasil
Tel.: 55 11 3078-5366
contato@blucher.com.br
www.blucher.com.br

Segundo o Novo Acordo Ortográfico,
conforme 5. ed. do *Vocabulário
Ortográfico da Língua Portuguesa*,
Academia Brasileira de Letras,
março de 2009.

É proibida a reprodução total ou parcial
por quaisquer meios sem autorização
escrita da editora.

Todos os direitos reservados pela Editora
Edgard Blücher Ltda.

Dados Internacionais de Catalogação
na Publicação (CIP)
Angélica Ilacqua CRB-8/7057

Bion, Wilfred R.
  Domesticando pensamentos selvagens /
Wilfred R. Bion ; editado por Francesca
Bion ; tradução de Luiz Carlos Uchôa
Junqueira Filho. – São Paulo : Blucher,
2016.
  79 p.

Título original: *Taming wild thoughts*.
ISBN 978-85-212-1136-5

  1. Psicanálise. I. Título. II. Bion,
Francesca. III. Junqueira Filho, Luiz
Carlos Uchôa.

16-1430   CDD 150.195

Índices para catálogo sistemático:
1. Psicanálise

Conteúdo

Prefácio	7
A Grade	13
Introdução	13
1963	16
Sem Título	37
Introdução	37
28 de maio de 1977	38
29 de maio de 1977	53
Referências	73
Índice remissivo	75

Prefácio

Os dois artigos inéditos de W. R. Bion que compõem esta brochura possuem vários temas em comum, se bem terem sido produzidos em diferentes circunstâncias e com um considerável intervalo de tempo entre si. O primeiro é um artigo, "A Grade", apresentado à British Psycho-Analytical Society em 2 de outubro de 1963, enquanto o segundo é fruto da transcrição de uma gravação de 1977, feita por Francesca Bion.

O tema principal é aquele da classificação (e, portanto, da apreensão) dos objetos psicanalíticos que pertencem ao campo das ideias, como Bion as define ao final do primeiro capítulo de *Elements of Psycho-Analysis*, e os modos segundo os quais eles podem ser usados. O pequeno artigo parece ter sido escrito bem na época de *Elements of Psycho-Analysis* e pode ter sido um esboço inicial que mais tarde evoluiu para o livro. Minhas razões para pensar isto estão baseadas numa comparação razoavelmente detalhada dos dois textos. Em primeiro lugar, a própria Grade sofreu uma pequena modificação: no artigo aqui impresso, a Coluna 5 consta como "Édipo", enquanto a Grade impressa a partir de *Elements of Psycho-Analysis* tem esta coluna rotulada como "Investigação", pois o

8 PREFÁCIO

autor decidiu optar pela categoria mais geral, da qual "Édipo" seria simplesmente um caso especial, como a discussão desta coluna no livro demonstra. Em segundo lugar, se tentarmos ler *Elements of Psycho-Analysis* inocentemente, por assim dizer, como se não soubéssemos que o livro promove a primeira discussão detalhada da Grade, descobriremos que os Capítulos 5 e 6 discutem os eixos horizontal e vertical da Grade sem mencionar a palavra "grade" durante nove páginas inteiras e, quando isto ocorre ao final do Capítulo 6, o próprio termo não chega a ser discutido. É quase como se uma peça introdutória tivesse sido deixada de fora no início do Capítulo 5. Não me parece que o artigo aqui impresso constitua a introdução faltante – ele é muito extenso e detalhado para tanto – mas eu suspeito que Bion pode ter tido o artigo em mente como algo "já escrito", enquanto estava preparando *Elements of Psycho--Analysis* para a gráfica, e não sentiu necessidade de ampliar ainda mais os aspectos introdutórios no próprio livro.

Esta não seria a primeira vez que algo desta natureza teria ocorrido nos escritos de Bion: as passagens em *Cogitations* (1992) sobre elementos-alfa, trabalho-onírico-alfa e elementos-beta parecem cair numa categoria parecida, a de uma discussão mais ampla de termos, que então acabou ficando de fora do texto a ser publicado (ou que foi retirada, talvez, por ser muito introspectiva?). De qualquer maneira, acho que seria razoável dizer que nossa compreensão, tanto da Grade quanto dos conceitos anteriormente mencionados, torna-se mais fácil ao estudarmos aquilo que poderia ser considerado as "podas" que Bion eliminou de seus escritos finais.

Na sua forma atual, este artigo em particular é um modelo de clareza que realça algumas características de fundo do pensamento de Bion, que ele nunca viria a abandonar. A mais importante delas surge quando ele torna explícito o fato de que aquilo que ele diz sobre o desenvolvimento dos pensamentos dos pacientes, ou do uso que eles fazem deles, aplica-se também ao analista, o qual, na medida em que é um ser humano, está sujeito aos caprichos e limitações da capacidade humana para pensar e se comunicar. Não estou sugerindo que Bion esteja falando sobre aquilo que é chamado de contratransferência, seja no senso estrito do termo, ou no sentido mais frouxo que se lhe atribui hoje em dia, mas que ele estava trabalhando num sistema que poderia ajudá-lo a rastrear depois da sessão, num clima de relativa paz e silêncio, aquilo que teria ocorrido durante seu desenrolar. E as coisas que ocorrem durante a sessão incluem tanto os processos de pensamento do analista e o uso que ele faz deles, quanto o equivalente do paciente: ambos precisam ser esquadrinhados ao final da sessão.

O como as coisas se movem continuamente, se desenvolvem e evoluem (ou falham em consegui-lo) foi uma fonte inesgotável de interesse para Bion e não acho que seria muito fantasioso vislumbrarmos a descrição que ele fez em *Experiences in Groups* (1961; em "Tensões Intragrupais em Terapia" até o final da seção sobre "Disciplina para o Neurótico"), como um precursor inicial da Grade, de sua visualização da "organização projetada da ala de treinamento como se fosse um organograma circundado por paredes transparentes. O paciente seria admitido num dado ponto no interior deste espaço, de modo que as atividades ali organizadas o permitissem mover-se livremente em qualquer direção, de acordo com a resultante de seus impulsos conflitantes [...] Como resultado, seu comportamento podia ser confiável no sentido de fornecer uma indicação aproximada de suas vontades e metas efetivas" (Bion, 1961, pp. 14-15). A própria Grade aloca a evolução e o uso de ideias e não o desenvolvimento de homens, mas a "visualização" subjacente à fantasia, e à Grade, em ambos os casos não é substancialmente diferente em suas finalidades.

Outro *link* interessante entre *Experiences in Groups* e o presente artigo pode ser encontrado na discussão da importância da circunferência do círculo como um fator na fecundidade do pensa-

10 PREFÁCIO

mento: uma breve menção a isto (Bion, 1961, p. 13) feita no livro, e que mais tarde foi retomada de modo apressado e quase jocoso em *Transformations* (1965, p. 111), recebe um tratamento bem mais detalhado nesta versão da Grade. Há ainda um outro aspecto também no qual *Transformations* parece ter sido prenunciado por este artigo: ele contém a discussão de "transformação" do campo de papoulas, que veio a ser o ponto de partida para o livro de 1965; ele também introduz os símbolos para o registro taquigráfico das transformações incidentes nos analistas e nos pacientes.

O porquê de Bion nunca ter publicado este artigo, que possui um importante papel de ligação entre os trabalhos anteriores e os subsequentes, bem como por estabelecer uma discussão notavelmente clara dos porquês e para quês da própria Grade que ganhou posteriormente uma outra versão em 1971 (Bion, 1977), permanece um mistério. O trabalho publicado em 1977 surgiu de uma palestra proferida na Los Angeles Psychoanalytic Society em abril de 1971, e é uma exceção por conter um material clínico razoavelmente detalhado. Seu estilo é bem mais discursivo do que o do presente artigo (como também o são as duas transcrições que o sucedem nesta publicação). No total, apesar de um certo grau de sobreposição, eu acho que os dois artigos sobre a Grade se complementam de um modo bem interessante. Poder-se-ia até dizer que constituem dois pontos de vista de uma possível visão binocular para o leitor: 1963 e 1971, Inglaterra e Califórnia, o debutar da Grade e a sua revisitação (com Nachträglichkeit? Talvez).

As duas transcrições, por seu turno, parecem ter sido programadas como capítulos iniciais de um livro do qual nada mais se sabe. As gravações foram feitas em dois dias consecutivos, ao final de maio de 1977, quando *A Memoir of the Future* (1991) já estava pronta e Bion trabalhava em sua autobiografia, mas elas têm uma natureza diferente de ambas. No primeiro "capítulo", ele considera a ideia de pensamentos extraviados e selvagens e como capturá-los, introduzindo o conceito de elementos-beta, de forma um tanto esdrúxula, como uma "caixa", na qual se poderia guardar um tipo de pensamento extraviado. A discussão desenvolvida está ligada à Grade por aprofundar e estender as noções de elementos--alfa e beta, pensamento onírico e comunicação rítmica não verbal. Bion avança para mostrar algo que tinha em mente quando fala de *language of achievement* (linguagem que atinge seu alvo), como uma espécie de ponto máximo de uma comunicação eficaz e sofisticada, retornando a seguir ao nível físico, elementos-beta, e terminando com uma discussão dos aspectos vestigiais arcaicos da mente. O estilo é bem discursivo, quase coloquial, ou mesmo uma espécie de divagação, mas é, em si mesmo, um bom exemplo da validade da "grande circunferência" de um argumento circular, já que o retorno ao tema dos elementos-beta ao final do capítulo fica bastante enriquecido, por tudo aquilo que ocorreu "durante o trajeto". (Eu sempre achei que o conceito de Bion de argumento circular ficava bem ilustrado pela forma circular do *Finnegan's Wake* de James Joyce.)

O segundo "capítulo" considera o problema da avaliação. Partindo novamente dos dados sensoriais, elementos-beta, que Bion parece assumir num tom informal como um "dado" inquestionável a sustentar sua arquitetura do pensamento, ele se desloca para a questão da supervisão psicanalítica. Vários pontos surgem para discussão na primeira parte que poderia ser intitulada de "imaginação especulativa", um outro termo para pensamentos selvagens: a relevância do passado só na medida em que ele emergir no presente; o intenso e profundo respeito pelo presente do paciente, por sua presença no consultório e pela experiência daí advinda se o analista se entregar a ela; a toxicidade dos medos e esperanças entrelaçadas com memória e desejo, mas, de um ângulo ligeiramente diferente; e as condições mínimas necessárias para que o trabalho analítico possa ser feito.

12 PREFÁCIO

A segunda parte considera o tema da "razão especulativa" – ou seja, a disciplina a ser aplicada à imaginação especulativa – e é seguida por uma breve incursão naquilo que Bion denomina "reconstrução", mas que logo se transforma num pequeno ensaio sobre teoria, desembocando em uma discussão a respeito do pensamento inconsciente que nunca foi consciente e batizado de "estado de mente inacessível".

A despeito dos temas recorrentes nas duas transcrições aqui apresentadas, seus estilos são completamente diferentes e o registro reflete provavelmente a maior confiança de Bion na validade da psicanálise como ele a praticava e, consequentemente, sua própria autoconfiança aumentada. Poder-se-ia reiterar que as transcrições representam o ponto final, coincidindo com o início de um novo círculo com uma circunferência ainda maior (representado por "A Grade"), cobrindo as primeiras formulações de elementos-alfa e beta até as últimas, e incluindo todas suas experiências analíticas em maturação ao longo do percurso.

Parthenope Bion Talamo

Turim

Abril de 1997

A Grade

Introdução

Em 1994 a Dr.ª Rosa Beatriz, do Rio de Janeiro, enviou-me uma cópia deste artigo que lhe tinha sido dado pelo Dr. Hans Thorner em 1971, quando de sua estada em Londres. Sou-lhe grata pelo resgate deste trabalho, já que ele desaparecera de meus arquivos – e também de minha memória – sem ter sido previamente publicado, a não ser em uma revista que reuniu as contribuições dadas a um seminário acontecido em novembro de 1994, no Rio de Janeiro. Bion o apresentara numa Reunião Científica da British Psycho-Analytical Society em 2 de outubro de 1963 (creio que a data manuscrita de 2/10/63, que consta na primeira página, foi acrescentada pelo Dr. Thorner).

Ele foi escrito após a publicação de *Learning from Experience* (1962), no qual a Grade não é mencionada, apesar de Bion ter trabalhado esta ideia já há algum tempo antes de sair o livro. Nós tínhamos mencionado vários possíveis nomes para esta nova "cria" sobre a qual ele então expressava todo seu habitual entusiasmo despertado por uma nova invenção – ao qual, por fim, seguia-se uma constatação igualmente habitual de seus defeitos (vide Bion, *Two Papers*, 1977, p. 16).

Neste artigo de 1963, sua meta era fornecer uma explicação clara e detalhada da construção e do uso da Grade. Isto ele o fez admiravelmente sem qualquer "digressão", como poderia ser alegado ter acontecido na versão de 1971, que é duas vezes maior. Aquele artigo contém um material clínico vivo e uma discussão razoavelmente longa de seis mitos (construtos da Fileira C): ele passou a lhes conferir um peso cada vez maior na importância de seu uso a partir de *Elements of Psycho-Analysis* (1963).

Ele produziu uma profusão de evidências para realçar as deficiências da Grade: "Posso dizer que uma das primeiras baixas, quando se tenta usar a Grade, é a própria Grade". Mas ele prossegue: "No entanto, seu uso me facilitou poder preservar uma atitude crítica, mas ainda informativa e esclarecedora, em relação a meu trabalho" (Bion, 1977, p. 6). Em 1974, no Rio de Janeiro, ele disse: "A Grade é uma frágil tentativa de produzir um instrumento [...] Acho ser proveitoso sabermos de suas limitações, quão inadequada ela é para a tarefa para a qual eu a construí" (Bion, 1974/75). E mais adiante, em 1977, em New York, ele afirmou: "Tão logo eu terminei de produzir a Grade, pude constatar o quanto ela era limitada [...] e a satisfação se desvaneceu". Ao ser indagado se ela era difícil, ele respondeu: "Para mim não: é que o esforço não compensa por não corresponder aos fatos que estão me aguardando" (Bion, 1980).[1] Se bem que esta não fosse com certeza sua intenção, estas observações eram desanimadoras, na melhor das hipóteses. Por outro lado, em 1973 em São Paulo, ele reagiu com óbvio interesse e entusiasmo a uma questão a respeito de uma eventual ampliação da Grade (vide Bion, *Brazilian Lectures*, 1974/75, pp. 41-42). Ao responder, ele falou de poder visualizar a Grade se repetindo como uma hélice. Ainda em São Paulo em 1978, ele mencionou uma interessante expansão da Grade (vide *Bion in New York and*

São Paulo, 1980, pp. 91-92): ele imaginou que ela pudesse se modificar de modo que "as distâncias entre as linhas se tornassem bem delgadas", constituindo um "gradeamento".

Bion enfatizou que a Grade não é uma teoria, nem deveria ser usada durante a sessão, mas que poderia ser usada com benefício "num isolamento relativo de qualquer ataque".[2] E fez uma advertência: "ela com certeza não causará danos, desde que não se permita que ela invada a relação analista-analisando como uma teoria a respeito do paciente que esteja de tocaia e, então, seja descarregada como um míssil numa batalha".

Seria útil enumerar os usos para os quais, no seu entender, e a partir de sua experiência, a Grade poderia servir. Ei-los:

1. Para exercitar a intuição do analista.

2. Para ajudar a registrar na memória o trabalho feito nas sessões.

3. Para aumentar a agudeza das observações.

4. Para facilitar transpor o hiato entre os fatos de uma análise e suas interpretações.

5. Como uma "atividade lúdica", que ofereça exercícios aos psicanalistas, como um método de desenvolver suas capacidades intuitivas.

6. Para ajudar a desenvolver um método de registro escrito análogo à comunicação matemática, mesmo na ausência do objeto.

7. Como um prelúdio à psicanálise e não como um substituto a ela.

8. Para fornecer um andaime mental no qual os psicanalistas pudessem exercitar seus músculos mentais.

9. Como um instrumento para classificar e, em ultima instância, compreender os enunciados.

Francesca Bion

1963

Este artigo visa introduzir um método que achei útil à reflexão dos problemas surgidos durante o curso da prática psicanalítica.

Estamos familiarizados com as ansiedades que se manifestam no decorrer do tratamento de pacientes e também com a necessidade de manejar estas ansiedades através de nossas análises pessoais. Atualmente estou interessado em um destes aspectos que parece ter recebido pouca ou nenhuma atenção, ou seja, aquela ansiedade moderada que surge quando é claramente importante resolver um problema que é, dada a sua complexidade, muito difícil de solucionar. Devido a nosso trabalho, existe uma tendência a pensar em tal ansiedade como uma contratransferência e esquecer que ela poderia também ser apropriada quando se busca uma resposta adequada para um perigo. Minha abordagem não deve ser considerada como uma insinuação de que exista uma menor necessidade para a análise pessoal do analista. O que direi deveria, na realidade, ser uma contribuição a esta abordagem através da análise pessoal.

Meu tema não pertence diretamente à esfera do trabalho realizado em situações analíticas, tampouco esclarece como registrar as sessões. Mesmo assim, tem uma relevância no trabalho das sessões, porque os procedimentos que estou por expor realmente auxiliam a manter a intuição do analista em treinamento, por assim dizer, e efetivamente ajudam na impressão do trabalho das sessões na memória. Talvez isto possa, mais adiante, auxiliar no desenvolvimento de um método de registro escrito análogo àqueles utilizados com deleite pelos matemáticos, que podem registrar seus achados e utilizá-los para comunicação e futuro trabalho de suas descobertas, mesmo na ausência do objeto.

O instrumento que elaborei para esta tarefa é a Grade (Figura 1).

	1 Hipótese definitória	2 Ψ	3 Notação	4 Atenção	5 Édipo*	6 Ação	...n ...
A Elementos-beta	A1	A2				A6	An
B Elementos-alfa	B1	B2	B3	B4	B5	B6	Bn
C Pensamentos oníricos, sonhos	C1	C2	C3	C4	C5	C6	Cn
D Preconcepção	D1	D2	D3	D4	D5	D6	Dn
E Concepção	E1	E2	E3	E4	E5	E6	En
F Conceito	F1	F2	F3	F4	F5	F6	Fn
G Sistema dedutivo científico	G1	G2	G3	G4			
H Cálculo algébrico		H2					

*Posteriormente mudado para "Investigação". Vide "A Grade", *in* Bion, *Two Papers* (1977).

Figura 1: A Grade.

Observar-se-á que existem dois eixos, um vertical, sinalizado por A-H, e outro horizontal, que é numerado de 1, 2, 3,... até n. O eixo vertical é genético e grosseiramente dividido por fases de sofisticação. O significado está indicado genericamente pelos termos que utilizei. Estes são termos emprestados da filosofia, dentre outras áreas, mas não devem ser compreendidos a partir do significado das disciplinas de onde se originam; devem ser considerados como tendo um significado essencialmente apropriado à psicanálise.

O eixo horizontal refere-se aos "usos" aos quais os elementos no eixo genético se prestam. Anotei os números de maneira imprecisa, similarmente à forma que utilizei para anotar os termos do eixo vertical. Quando um elemento no eixo vertical parecer ser idêntico àquele no eixo horizontal, a confusão desaparecerá, na medida em que se tiver em mente que o termo no eixo vertical pretende denotar uma fase no desenvolvimento, enquanto que, no eixo horizontal, pretende denotar o uso que é feito do elemento.

O objetivo da Grade é auxiliar o analista na categorização dos enunciados. Não é uma teoria, apesar de teorias psicanalíticas terem sido utilizadas para sua construção, mas a Grade tem uma condição de instrumento. Uma palavra ou duas são necessárias para explicar a utilização que dou ao meu uso do termo "enunciado".

Considero o termo "enunciado" como qualquer coisa desde um grunhido inarticulado até construções muito elaboradas tais como este artigo. Uma única palavra é um enunciado, um gesto ou uma careta são enunciados; resumindo, refere-se a qualquer evento que faça parte da comunicação entre o analista e o analisando, ou entre qualquer personalidade e ela própria.

O eixo horizontal é incompleto e, por conseguinte, é dividido em colunas posicionadas, de modo a indicar que as séries podem ser aumentadas. Se ela deve ser de alguma forma ampliada e caso o seja, de que forma, são pontos deixados para serem determinados no curso de seu uso. As colunas existentes foram úteis a mim, e eu não acredito que devam ser levianamente descartadas. Elas foram concebidas de início com o que denominei de um vínculo K em mente, mas sua utilidade não está prejudicada para os vínculos L e H.

Devo explicar que se pretende exprimir com K o domínio do aprendizado a partir da experiência, com L o domínio do amor em todos seus aspectos e com H o domínio do ódio. É de se supor que os domínios possam se sobrepor, apesar da rigidez que os sinais podem parecer comunicar. As letras L, H e K servem para facilitar a discussão, de uma forma similar à que será descrita posteriormente, quando discutir alfa e beta.

Pretende-se relacionar o eixo horizontal com um enunciado que é constante: seu significado muda apenas devido ao fato de que sua utilização se modifica de acordo com a coluna na qual se sinta ser apropriado colocá-lo.

A Coluna 1 tem o subtítulo "hipótese definitória". Este termo, assim como muitos outros que utilizo, não é para ser tomado como possuindo o significado que ele já tinha isoladamente e de forma inalterada. É utilizado para indicar um aspecto dos enunciados que pertencem àquela categoria, ou nela são colocados. Enunciados para os quais esta categoria é apropriada assinalam que elementos previamente considerados como não relacionados, são considerados como constantemente conjugados (Hume, *Hume's Enquiries*, Poincaré, *Science and Method*) e tendo coerência. Um enunciado nesta coluna deveria ser considerado como tendo importância, mas não significado. O termo *"gato"*, neste contexto, indica que o observador ficou convencido da conjunção constante de, digamos, pelo, vida, olhos e assim por diante. Esta conjunção constante é sentida como *não* sendo uma conjunção constante já existente (Aristóteles, *Topics*, VI, 4, 141, & 26 e ss.), e o termo pretende amarrar os elementos constantemente conjugados e também definir a área ocupada pelos elementos conjugados; é neste aspecto que isto se assemelha ao que é habitualmente considerado ser uma hipótese definitória. O fato de que o enunciado definitório *não* se refere a uma conjunção anterior levanta a objeção, feita algumas vezes, de que uma definição é negativa. A reunião de uma conjun-

20 A GRADE

ção constante e o significado que ela carrega possibilita o próximo passo do aprendizado: a tarefa de descobrir o que "gato" significa.

A Coluna 2 serve para categorizar o "uso" ao qual um enunciado, qualquer que seja sua natureza e por mais falso que seja no contexto, é colocado, com a intenção de impedir um outro enunciado que, independente de sua veracidade no contexto, envolveria uma modificação na personalidade e em seu ponto de vista. Utilizei arbitrariamente o símbolo ψ (Psi) para enfatizar a relação íntima deste "uso" com os fenômenos conhecidos pelos analistas como expressões de "resistência".

A Coluna 3 contém as categorias de enunciados utilizados para registrar um fato. Tais enunciados estão desempenhando a função descrita por Freud como notação e memória (Freud, 1911b).

A Coluna 4 representa o "uso" descrito por Freud, no mesmo artigo, como a função da atenção. O enunciado *"gato"* seria, então, utilizado para assegurar impressionabilidade à repetição da conjunção constante. Enunciados corretamente considerados como apropriados à Coluna 4 dizem respeito às conjunções constantes que *foram* previamente experimentadas, e o "uso" representado pelas categorias da Coluna 4 difere, neste sentido, do "uso" representado pela Coluna 1.

A Coluna 5, particularmente a glosa "Édipo",[3] requer algumas explicações. Na medida em que ela representa um "uso" similar à Coluna 4, pode ser considerada redundante. Fico relutante em descartá-la, em parte porque serve como exemplo de um "uso" que me deixa desestimulado a formular "usos" prematuramente. Uma crítica ao Édipo implícita na história (refiro-me especificamente à versão sofocliana) é a obstinação com a qual ele persegue sua investigação. Este aspecto da curiosidade pode parecer sem importância ao filósofo da ciência, mas é de importância clínica e por isso vale a pena sua inclusão junto com as Colunas 3 e 4 como representando algo que é mais do que uma diferença de intensidade, assim como 4 (Atenção) é mais do que um 3 intenso (Notação). Uma situação que nos servirá de exemplo é aquela em que o analista deve distinguir entre se permitir abandonar facilmente uma abordagem para a solução de um problema, ou pressionar esta solução além da capacidade de tolerância do paciente.

A última coluna, que denominei "Ação", requer também alguns comentários. Ela refere-se àqueles fenômenos que lembram uma descarga motora que objetiva descarregar "o aparato mental da sobrecarga de estímulos" (Freud, 1911b, p. 221). Para qualificar-se como inclusão nesta categoria, a ação deve ser uma expressão de uma teoria que é prontamente detectável: de outra forma ela não pode ser descrita como um "uso" de uma teoria. O problema de clarificar as categorias da Grade surge do fato de que a clarificação deve depender da experiência. A inclusão em uma categoria da Grade é, por si, uma designação do analista: todas as categorias da Grade devem ser consideradas como possuindo a qualidade das categorias da Coluna 1, no sentido de serem significativas, mas de não poderem segurar um significado até o momento em que a experiência as invista de algum.

As duas primeiras fileiras do eixo genético podem ser discutidas ao mesmo tempo: os elementos-beta e elementos-alfa pretendem denotar objetos que são desconhecidos e que podem até mesmo não existir. Referindo-me a elementos-alfa, elementos--beta e função-alfa, pretendo viabilizar a discussão de algo, ou falar sobre isso, ou pensar sobre isso, antes de saber o que vem a ser "isso". Correndo o risco de sugerir um significado, quando desejo que o sinal represente algo cujo significado seja uma questão em aberto, a ser respondida pelo analista através de sua própria experiência, devo explicar que o termo "elemento-beta" objetiva abranger fenômenos que talvez não possam ser considerados em absoluto como pensamentos. Nesta categoria estão incluídos os fenômenos que tentei descrever anteriormente em uma discussão sobre objetos bizarros (ver *Learning from Experience*). O problema, na minha opinião, surge devido à tendência do significado insinuar-se prematuramente. Idealmente, qualquer significado que o termo acumule deveria derivar da prática analítica, e somente dela. O mesmo vale para o elemento-alfa, exceto que este termo deveria abranger fenômenos que possam ser minimamente considerados como pensamentos. Eu os consideraria como elementos que tornam possível ao indivíduo ter o que Freud descreve como pensamentos oníricos.

A Fileira C inclui os sonhos e outros sistemas possivelmente organizados de pensamentos oníricos. O mito deve ser incluído, juntamente com estruturas organizadas que sejam formas primitivas de modelo.

Todas as fileiras, com exceção da primeira, servem para representar categorias de enunciados que são insaturados, isto é, capazes de acumular significado. Nesse sentido pode parecer enganador descrever a fileira E como constituída por preconcepções em prejuízo das fileiras remanescentes, pois elas também são capazes de funcionar como preconcepções (porque a preconcepção pode se referir tanto a uma fase do desenvolvimento quanto a um "uso") em uma ordem ascendente de sofisticação. Como já disse em outro momento, eu realmente não creio ser provável que, na prática analítica, um analista encontrasse qualquer coisa que fosse aceitável, através de qualquer padrão rigoroso de método científico reconhecido, como passível de inclusão nas Fileiras G e H. Entretanto, creio ser importante que estas categorias existam, embora isto envolva o paradoxo de empregar ou parecer empregar padrões rigorosos de forma imprecisa. Uma razão para a existência de tais categorias baseia-se no fato de que enunciados que, sob um minucioso exame analítico, se revelam inexatos, são frequentemente empregados por cientistas e filósofos como se fossem precisos.

Se um artista competente, utilizando convenções artísticas familiares à civilização ocidental, tivesse que pintar um campo de papoulas, não deveríamos ter dificuldade em dizer que aquele era um campo de papoulas. Por que isto deveria ser assim? As linhas de um trecho retilíneo de uma ferrovia podem ser imaginadas como sendo paralelas, e no entanto poderíamos nos deparar com uma pintura na qual elas fossem representadas por linhas que convergem. E assim por diante.

Proponho a utilização do termo "transformação" para descrever o processo, seja ele qual for, pelo qual o pintor transformou sua experiência em óleo e pigmento dispostos na tela. Mas não desejo que o termo signifique o que ele significaria se eu dissesse que um edifício foi transformado por um pintor e um decorador – que o campo de papoulas foi usado como um material bruto para a composição da tela, do óleo e do pigmento. Também não pretendo sugerir que o observador da pintura pense que ele descobriu a fonte do material bruto, caso ele descreva a pintura como um campo de papoulas. Resumindo, proponho que se utilize o termo "transformação" de acordo com minha descrição dos elementos da Coluna 1, como uma amarração de uma conjunção constante, de forma que eu possa ir adiante, com a ajuda deste termo, para descobrir o que a conjunção constante significa. A conjunção constante à qual meu termo se refere ocorre em sessões psicanalíticas, e espero amarrá-la através deste termo, de modo a poder comunicar a experiência ao leitor. Se eu for bem sucedido, espero que aqueles a quem transmiti isto sejam capazes de descobrir o significado do termo "transformação" e a experiência emocional dos elementos constantemente conjugados que representei pelo termo.

Como um primeiro passo em direção à compreensão do significado, retomarei a discussão de meu modelo, o campo de papoulas e a pintura que o representa, e o meu "mito" de que o artista efetuou uma transformação. A realização – isto é, o campo de papoulas e todos os objetos similares – eu a representarei pelo símbolo "O".

Vou supor que, em análise, o meio utilizado para a transformação é o inglês coloquial. Quero dizer com isto que tanto a exatidão gramatical quanto a verbal não são buscadas e que o semblante e os gestos – movimentos musculares – fazem parte da expressão "inglês coloquial". Deverei então presumir que uma comunicação está sendo feita pelo paciente e pelo analista. Por fim, vou supor que a parte analiticamente relevante das comunicações, tanto do paciente quanto do analista, se refere a uma experiência emocional. Por motivos de brevidade, utilizarei os seguintes sinais:

Tp-alfa significa o processo de transformação na mente do paciente; Ta-alfa representa o mesmo processo na mente do analista. De forma similar, Tp-beta e Ta-beta representam o produto final, o resultado do processo de transformação, a contrapartida analítica da pintura do artista. Em nosso trabalho, "O" deve ser sempre uma experiência emocional, pois a suposição em psicanálise é de que os pacientes vêm à procura de ajuda com uma dificuldade emocional e, presumivelmente, querem falar sobre ela.

Existem várias ramificações interessantes nas quais não posso adentrar aqui. Seria o suficiente considerar questões tais como aquelas ligadas à natureza da comunicação do artista – se ele está tentando registrar uma paisagem em particular ou suas emoções a respeito dela, se ele deseja ou não influenciar o público a quem o produto final será exposto e assim por diante – para se ver as complexidades que estão envolvidas. Sendo assim, introduzirei somente mais um ponto, ou seja, a questão com a qual iniciei: por que não existe dificuldade em reconhecer que uma pintura representa um campo de papoulas? Responderei isto dizendo que sempre existe algo na transformação que é invariante tanto para "O" quanto para T-beta, o produto final.

Retornando agora à Grade: eu disse anteriormente que ela é um instrumento para classificar e, principalmente, compreender enunciados. O objetivo de minha discussão sobre as transformações é introduzir a ideia de que, na prática analítica, todos os relatos devem ser vistos como transformações. Mesmo uma única palavra como "gato", juntamente com os elementos que a acompanham, tais como movimentos, entonação e assim por diante, é uma transformação de uma experiência emocional, "O", em direção ao produto final, Tp-beta. Cabe ao analista decidir quando a transformação está completa. Ele pode pensar que este ponto foi atingido com o pronunciamento de uma única palavra ou após uma comunicação verbal que tenha reverberado por um tempo considerável.

As comunicações do analista podem ser examinadas cuidadosamente, através do mesmo modo de análise ao qual submeti as comunicações do paciente. Mas deve-se ter em mente que o objetivo do analista é o de dar uma interpretação. Qualquer interpretação é um enunciado e uma transformação, mas é também algo além e aquém destas categorias, o termo "interpretação" devendo ser aplicado somente a algo específico à prática do psicanalista. Espero que a utilização da Grade para a classificação da intervenção do analista, assim como para esmiuçar a transformação, possa conduzir a uma compreensão mais clara das qualidades que são necessárias antes que uma intervenção possa ser corretamente considerada como uma interpretação psicanalítica.

Tenho tentado até agora formular alguns dos elementos envolvidos na observação. Todos podem ser incluídos sob um título que determina três coisas: o significante, seu significado e a interpretação do significado. Ver-se-á, então, que desejo estabelecer uma distinção entre significado e interpretação psicanalítica. Colocando isto de outra forma, acredito ser útil fazer uma distinção entre qual seria o significado da fala do paciente em uma conversa comum e qual é a interpretação disto quando esta ocorre em uma psicanálise e não em uma conversa comum.

Resumindo: o analista está preocupado em fazer observações sobre um comportamento no qual um número de componentes podem ser diferenciados. São eles: a gênese e a utilização dos enunciados, a natureza do enunciado como uma transformação, o processo pelo qual a transformação é efetuada (Tp-alfa), o produto final da transformação (Tp-beta), as invariantes, e a categoria de transformação na Grade.

O analista, para observar corretamente, deve ser tão sensível quanto possível aos fenômenos abrangidos sob esses títulos. Quanto mais ele estiver apto a se aproximar deste ideal, mais próximo estará da essência primeira da psicanálise – ou, quanto a isso, de qualquer outra ciência – a saber, da observação correta. O complemento da essência primeira é a essência última – a interpretação correta. Entendo por essência "primeira" não apenas prioridade no tempo, mas prioridade em importância, porque, se um analista puder observar corretamente, sempre haverá esperança. Claro que isto é um grande "se". Sem a essência última ele não é um analista, mas se ele tem a essência primeira, ele pode se tornar um com o tempo; sem esta, ele jamais poderá tornar-se um, e nenhum acúmulo de conhecimento teórico o salvará. Isto me leva à reconsideração da natureza da interpretação.

A interpretação é um caso especial: é parecida a todos os outros enunciados em análise, uma vez que tem, embora idealmente não devesse ter, todas as características que atribuí ao enunciados e, como todos os enunciados, ela é uma transformação. Mas ela se diferencia porque deve ter características K e ser classificável em uma gama restrita de categorias. Em face disto, ela deveria estar restrita às Colunas 3, 4 e, mais raramente, 1 e 5. Quando eu tratar adiante do jogo psicanalítico, mostrarei que ela pode ser colocada hipoteticamente em qualquer categoria da Grade na qual o analista, empenhado em realizar criticamente seu trabalho, sinta poder estimular uma sequência útil de pensamentos. Abordarei estes pontos após discutir algumas das implicações de minha proposta de considerar apenas alguns aspectos dos acontecimentos numa sessão analítica, particularmente os da esfera das observações psicanalíticas. Isto já está implícito na aplicação das teorias psicanalíticas: desejaria torná-lo explícito como uma teoria de observações a ser combinada às teorias psicanalíticas. Pois, se a observação for consistente, a conclusão de que certos fenômenos observados parecem aproximar-se de uma teoria psicanalítica, será também consistente. Mas a consistência da conclusão está prejudicada se a teoria, que é sempre uma preconcepção (Fileira D), colorir a seleção dos fatos a serem observados. O objetivo da Grade é ajudar o analista a desenvolver uma preconcepção que *não* seja diretamente psicanalítica, de modo que as observações feitas não se prestem a reproduzir uma teoria psicanalítica. Pois, se a preconcepção for psicanalítica, há um claro risco de que as observações feitas sob uma tal preconcepção, meramente se assemelhariam a uma teoria psicanalítica, quando no fundo elas são derivadas desta teoria. Tal condição contribui para um raciocínio circular. Não tenho objeção ao raciocínio circular e discutirei a natureza de seus perigos posteriormente. Por hora, assumo o desejo de evitar um argumento circular para retornar à consideração dos enunciados. Estes, como já disse, devem ser considerados como sendo "transformações" no sentido em que utilizei o termo anteriormente, mas, além das características já descritas, devem também ser reconhecidos como tendo a característica de uma teoria. Em outras palavras, os objetos do estudo psicanalítico (objetos psicanalíticos) têm as características que amarrei pelo termo "enunciado", as carac-

28 A GRADE

terísticas que reuni pelo termo "transformação" e, agora, também têm as características que desejo "reunir" pelo termo "teoria". Discutirei, a seguir, o termo "teoria".

Uma consulta à Grade mostrará que eu poderia igualmente bem escolher o termo "preconcepção" (Fileira D), mas prefiro um termo que seja apropriadamente classificado numa categoria relativamente mais sofisticada.

A teoria, não importando qual possa ser o enunciado (ou formulação), ou quais características ela tenha derivado de sua natureza como uma transformação, nunca é certa ou errada: ela é significativa. Existe muita confusão entre os cientistas no que diz respeito à crença de que as teorias são certas ou erradas e, em conformidade com isso, precisam ser validadas por testes empíricos. Devo, então, deixar claro que esta abordagem não é compensadora e que qualquer suposição na qual esteja baseada deve ser substituída, naquilo que diz respeito à psicanálise e no contexto desta discussão, pela suposição de que o objeto psicanalítico (= enunciado – transformação – teoria) deve ser considerado em seus aspectos teóricos como se este fosse uma formulação que amarra uma conjunção constante. Para tornar claro o assunto, escolherei um exemplo extremo.

Um paciente, mesmo consciente da aproximação de um carro, colocou-se na sua frente, foi atropelado e teve ferimentos leves. Este resultado foi, aparentemente, um tanto quanto inesperado. Muitos de seus comentários haviam me levado a crer que ele estava dominado, naquela época, pela convicção de ser uma lufada de flato.

Os enunciados que se cristalizaram na assertiva dele ser uma lufada de flato, constituem um exemplo do que entendo por teoria.

Do ponto de vista do paciente, esta não era uma teoria que necessitasse de validação para testar a verdade ou outro aspecto do enunciado. (Vou supor, de agora em diante, que o leitor está consciente do sentido especial com que utilizo o termo "enunciado"). De acordo com minha teoria sobre o enunciado, ele estava engajado em estabelecer seu significado. Além disso, o "enunciado" não era apenas a exposição verbal que ele tentou me transmitir, mas era, na minha opinião – mesmo eu não estando lá para ver –, provavelmente também o termo correto para aplicar ao próprio evento: era um enunciado indistinguível dos muitos enunciados dos quais, como seu analista, sou testemunha. Considerarei agora as implicações de encarar isto como um enunciado.

Vamos considerar primeiramente o ponto segundo o qual o enunciado nunca é certo ou errado, mas somente significativo. Qualquer opinião de que o episódio foi um teste empírico de uma hipótese, leva a um beco sem saída. Mas se este for considerado como um enunciado destinado primeiramente a amarrar uma conjunção constante, e portanto representar o primeiro passo para estabelecer o significado da conjunção constante, certos aspectos do episódio tornam-se mais claros. O acidente e suas conclusões subsequentes não contribuem para a formação de significado ao enunciado de que ele é um flato. Para que tal contribuição seja possível, uma realização[4] deve ser encontrada que se aproxime do enunciado. Neste aspecto, a situação não difere em nenhuma forma daquela apresentada por um enunciado altamente sofisticado, como por exemplo uma fórmula matemática para a expansão dos gases. Para o investigador, chocar-se com um ônibus não adicionaria nada ao significado da fórmula: porém, se ele estivesse prestes a experimentar uma explosão, aí adicionaria. Mas no exemplo que apresentei, a realização – o acidente de meu paciente – não se aproximou da teoria. Tampouco a falsificou. O que é exigido é uma realização que se aproxime da teoria. A partir de um ponto de vista sensato, ou que seja genericamente conhecido como tal, é improvável que o paciente encontre, no mundo da realidade externa, qualquer realização que se aproxime suficientemente de seu enunciado e que o habilite a constituir um significado; nada existe que vá se acasalar com sua preconcepção para produzir uma concepção. Sendo assim, não pode haver qualquer desenvolvimento como representado no eixo vertical da Grade. Mas no mundo da realidade psíquica, existem realizações que se aproximam do enunciado do paciente.

Este fato, reconhecido pelos psicanalistas desde que Freud fez suas descobertas, não é suficientemente levado em conta pelo cientista que considera que um único fato negativo pode invalidar a teoria, que ele parece contradizer. Tal atitude em relação à teoria ignora sua importância como um fator de crescimento mental. Enfatizo o ponto, porque, para o analista, é essencial reconhecer esta qualidade do enunciado. O fato de que um enunciado, e qualquer teoria científica, possa se acasalar a uma realização no domínio da realidade psíquica é ignorado pelo cientista natural, porque é no mundo dos fatos físicos que ele busca sua aproximação, e porque ele teme e lhe desagrada, com graus de intensidade variáveis, a existência de uma realização semelhante no reino da realidade psíquica. Era o que estava acontecendo, com reservas, a meu paciente.

O enunciado de meu paciente, seu relato do episódio e a exposição de seus sentimentos em relação a este, exigiram uma interpretação de minha parte. Brevemente, parte da interpretação foi que ele pensou ser uma lufada de flato. Tentei deixar claro que suas associações indicaram a presença de uma fantasia de que ele era uma lufada de flato. Até onde pude perceber, existiam dois obstáculos principais para que ele compreendesse isto: primeiro, envolvia o reconhecimento de um domínio que ele temia e, segundo, se ele reconhecesse a realização (sua fantasia) como uma realização que correspondeu a seu enunciado, outros, eu inclusive, o considerariam louco.

Obviamente isso tem razão de ser, pois se um observador externo aceitasse o enunciado, ele não esperaria que a realidade externa fornecesse uma realização que se aproximasse do enunciado, mas poderia concluir que a explicação para o enunciado do paciente era a de que o paciente estava louco. Todavia, ignorando estes obstáculos, outro problema surge agora.

Se o enunciado que o paciente é um flato possui, como sua realização aproximada, a fantasia de que ele é um flato, uma construção lógica, que é um raciocínio circular, começa a surgir. Isto é similar a outro raciocínio típico dele. Podia acontecer dele sentir-se bravo: ele estava bravo porque estava deprimido. Por que ele estava deprimido? Obviamente (em sua visão) porque estava bravo. E assim por diante. Considerarei, então, o raciocínio circular antes de entrar em maiores detalhes sobre este episódio.

Experiência com o raciocínio circular, que eu possuo em considerável quantidade, convenceu-me de que não existe muito erro em sua lógica, que esta envolve a aceitação de uma teoria de causalidade e que, provavelmente, qualquer raciocínio lógico é essencialmente circular. Uma vez que estou disposto a acreditar nisto, mesmo quanto aos exemplos clássicos de investigações lógicas, senti que as falhas dos raciocínios circulares, tais como aquelas de meu paciente, para levar a algum lugar, teriam que ser buscadas em qualquer outro lugar que não em suas circularidades. Decidi que as dificuldades intrinsecas dependiam (para ampliar o uso do círculo como modelo) do diâmetro. Se o raciocínio circular tem um diâmetro suficientemente grande, seu caráter circular não é detectado e pode, por tudo o que sei, contribuir para descobertas úteis, como por exemplo a curvatura no espaço. Mas a curvatura no espaço, até onde eu sou capaz de compreender, supre-me com um modelo para o postulado de um raciocínio circular de um diâmetro de tal magnitude, que acaba sendo propício ao desenvolvimento do pensamento e da personalidade. Inversamente, o diâmetro pode ser tão reduzido, que o próprio círculo desaparece e apenas um ponto permanece. O mesmo ocorre com o raciocínio circular. Aplicando isto no exemplo de meu paciente, o raciocínio circular acaba no ponto (pode não ser frívolo dizer "no ponto de argumentação") de que ele *é* um flato.

Tentarei tornar esta afirmação mais clara, retornando ao paciente e dando alguns detalhes sobre o que acontece, caso o argumento não seja diminuído desta forma.

Em um artigo que escrevi sobre o pensamento para a Conferência de Edimburgo (1962a), chamei atenção para a relação de um "pensamento" com um "não-seio". O pensamento deve sua gênese à ausência do objeto. Não posso explicar, por falta de tempo, de que modo isto se apoia na natureza negativa de uma definição, mas devo mostrar que um enunciado, sendo o elemento que amarra uma conjunção constante, implica, ao mesmo tempo, que aquela conjunção constante *não* é nenhuma das conjunções constantes já estabelecidas.

Em alguns casos, o "não-seio" é indicado, por assim dizer, geometricamente. Ou seja, a contrapartida matemática de um pensamento é um ponto, algo que marca o local onde o seio estava. Da mesma forma, uma linha marca o lugar onde o pênis estava – o "não-pênis". Os sucessivos ataques ao seio, o "não-seio", o pensamento (o local onde o seio estava), são repetidos na mais complexa combinação de pensamentos logicamente combinados para formar um raciocínio. Testemunhamos, então, a redução da frutífera e crescente produção do raciocínio circular através de sucessivas diminuições do "diâmetro", até que este se torna o raciocínio circular estéril, cujo "diâmetro" é ainda mais diminuído, até que o círculo desaparece e apenas um ponto permanece.

Poderia a expressão "argumento circular" representar mais do que um elemento a ser categorizado em um compartimento da Fileira C? A resposta para isto depende da utilidade de estender o modelo de modo a incluir ideias de diâmetro. Como não estou escrevendo um artigo clínico, devo limitar o material clínico para ilustrações. Prefiro, assim, que o leitor não lhes dê outra importância senão a de modelos, parte de meu pensamento privado, que, apesar disso, espero possa servir para uma comunicação pública.

Uma semana ou dez dias transcorreram depois que o episódio do acidente foi apresentado em análise. Fizeram-se muitas interpretações durante este tempo, incluindo tentativas de chamar a atenção dele para o raciocínio circular. Não disse que este fosse de diâmetro pequeno, mas eu tinha isto em mente. Fui também capaz de mostrar o medo que ele sentia de qualquer interpretação que chamasse sua atenção para o fato de que ele tinha duas visões desiguais sobre os mesmos fatos. As interpretações não eram novas, mas pareceram produzir nele uma resposta. Seus enunciados continuaram a se notabilizar mais por sua distância em relação a qualquer ponto (pretendo que isto seja compreendido pelo leitor como uma frase coloquial inexata) do que por qualquer tentativa de chegar ao ponto. Ou (agora empregando meu modelo) ele estava engajado em um raciocínio circular, o diâmetro sendo determinado pela necessidade de não dizer nada que o aproximasse ao centro do círculo.

Então, sem ter feito novamente qualquer referência direta ao episódio após tê-lo relatado pela primeira vez, o paciente disse que o motorista o havia chamado de "idiota de merda". "Sinto-me melhor agora", ele disse. Considerei isto como significando que seu progresso circular o havia levado ao longo do círculo ao ponto que era o "oposto" ao enunciado de que o carro tinha colidido com ele. Em tempo, pelo menos, de que seu argumento fosse um círculo de diâmetro mensurável. Mas durante aquele período de raciocínio circular, tivemos oportunidade de chegar a uma variedade de interpretações, incluindo a interpretação de que ele sentia que era um flato. Disse, então, que ele sentira que o acidente de carro fora uma relação sexual entre um flato e o carro e seu motorista. Ele disse que se sentia melhor, e acrescentou que achava que estava ficando louco.

O ponto que desejo ilustrar é que o raciocínio circular de pequeno diâmetro, ainda que impeça a combinação ou correlação de dois discursos, sendo, então, estéril, é preferível ao raciocínio em um círculo de um diâmetro relativamente amplo, devido ao risco de uma combinação de duas ideias que seja acompanhada por um sentimento de loucura. Está implícito nisto a possibilidade de que deve existir uma distância entre os enunciados correlatos, se se pretende alcançar um significado. Se a "loucura" é temida, a operação que leva ao significado é evitada. O raciocínio circular deve, então, ser de diâmetro menor para impedir a conjunção de significado com um sentimento de loucura.

Através de minha ilustração, tentei mostrar brevemente o valor de considerar os fenômenos da psicanálise como enunciados (= transformações) que podem ser avaliados mediante referência às categorias da Grade. Minha argumentação é que assim a precisão das observações cresce, levando-as a uma maior aproximação com a teoria psicanalítica. O hiato entre os eventos de uma análise e suas interpretações, consequentemente, torna-se mais fácil de ser transposto.

Para concluir, referir-me-ei brevemente ao jogo psicanalítico. Suponha-se que, ao revisar algum aspecto de um dia de trabalho, o analista esteja satisfeito, por suas interpretações estarem ajustadas com um razoável grau de precisão às necessidades do material. Ele pode comparar as categorias que atribuiu aos enunciados do paciente com as categorias que ele atribuiria às suas interpretações. A partir disto ele pode continuar a considerar a natureza da relação entre o material e a interpretação. Mas ele pode também, arbitrariamente, atribuir tanto para a interpretação quanto para os enunciados do paciente algumas categorias diferentes e tentar trabalhar as implicações da categorização arbitrária. Por exemplo, ele pode colocar uma interpretação, com a qual está satisfeito numa categoria Coluna 2, como D2, e, então, perguntar-se o que a interpretação, mesmo que correta, estaria excluindo. O analista pode estabelecer para si próprio exercícios similares, não simplesmente para avaliar sua ingenuidade, mas como um método de exercitar e desenvolver sua capacidade de intuição.

Notas

1. (N.T.) – Bion estava se referindo aqui aos fatos vivos da clínica psicanalítica.

2. (N.T.) – Referindo-se, novamente, às pressões da situação clínica.

3. Ao referir-se a esta categoria como "glosa", Bion pretende enfatizar que o significado de "Édipo" não deve contentar-se com algo já saturado, do tipo "aquele que mata o pai e dorme com a mãe", mas deve expandir-se para outras áreas, como, por exemplo, a questão da "curiosidade cega" que ele desenvolve a seguir.

4. (N.T.) – O termo *realization* em Bion tem um significado epistemológico de alcançar um significado, a partir de uma dada experiência.

Sem Título

Introdução

As páginas que se seguem são transcrições feitas por mim de duas fitas gravadas por Bion, enquanto preparava uma visita a Roma programada para julho de 1977, onde deveria dar palestras e seminários. (Estes seminários foram publicados por Borla, em italiano, em 1983, sob o título de *Seminari Italiani*.)

Sua fala dá-se num tom relaxado, reflexivo e meditativo, se bem que fica claro que ele não está falando para si mesmo, mas sim para uma audiência imaginária e atenta. Ele se vê "jogando tempo fora", pensando de uma forma "quase descuidada", e então verificando o produto de sua "pescaria ociosa". Mas estas cogitações verbais estão longe das ruminações preguiçosas de um sonhador diurno; elas são claras, perspicazes, disciplinadas e coloridas com o seu sutil senso de humor pessoal. É assim que os pensamentos selvagens ganham domesticação e que os pensamentos extraviados ganham um lar.

Estes temas são familiares, podendo ser encontrados algures em seus escritos, sendo que ele raramente repetia suas palavras ao pé da letra; existem variações, expansões, adições e algumas vívidas passagens metafóricas.

Introduzi somente poucas alterações e correções, visando em geral facilitar a leitura. Ambas as gravações terminavam abruptamente: elas caducaram, mas o conferencista não.

Francesca Bion

28 de maio de 1977

Se um pensamento sem pensador aparece, pode tratar-se de um "pensamento extraviado" ou pode vir a ser um pensamento com o nome e o endereço de um proprietário colado nele, ou pode ser um simples "pensamento selvagem". O problema, diante do brotar de um tal pensamento, é o que fazer com ele: o certo, se for mesmo selvagem, seria domesticá-lo. Pretendo considerar a seguir como se pode tentar fazer isto. Se o nome e o endereço do proprietário estiverem colados nele ele poderia ser devolvido a seu dono, ou você podia deixá-lo de sobreaviso para vir buscá-lo quando quisesse.

Ou, naturalmente, você poderia furtá-lo e torcer que o dono se esquecesse dele, ou que sequer notasse o furto, permitindo que você se apropriasse da ideia como sendo sua. Se o dono estiver preparado para deixar você possuí-la, ou se ficar patente que você estava capacitado para tanto, então você pode tentar adestrá-la no caminho certo, e de uma maneira que a torne mais sensível aos hábitos de seus pensamentos extraviados e aos pensamentos da comunidade à qual você pertence, de tal modo que iria se tornando gradualmente assimilado e parte essencial da totalidade do grupo ou da pessoa onde este pensamento deverá continuar sua existência.

O que me interessa agora são aqueles pensamentos selvagens que brotam e para os quais não há qualquer possibilidade de se traçar de imediato qualquer tipo de posse, ou mesmo de se vislumbrar a genealogia daquele particular pensamento.

De cara, parece-me que o mais simples seria atacar o problema considerando o que este pensamento estranho *é*. Poderíamos conseguir uma pista que nos leve até ele, questionando o contexto mental, ou em que condições este pensamento selvagem surgiu, emaranhando-se em nosso método de pensamento.

Pode parecer que ele tivesse se apresentado a nós no curso de nosso sono. Estou usando esta expressão "no curso de nosso sono", por tratar-se de um estado de mente com o qual a maioria das pessoas está familiarizada, facilitando assim o começo de nossa investigação.

É preciso considerar o estado de mente peculiar no qual nos encontramos quando adormecidos ou, como nos acostumamos a dizer (inclusive por ter se tornado um lugar-comum no pensamento psicanalítico), quando estamos inconscientes, querendo dizer com isso estarmos em um estado onde não estamos cônscios, ou estamos pouco, de nossos pensamentos e sentimentos. Existem também eventos peculiares que ocorrem quando estamos adormecidos que são notória e historicamente de nosso conhecimento, tanto no que diz respeito à nossa história privada quanto à historia da raça. Em geral, os chamamos de *sonhos*.

Mas acho que cairia igualmente bem, pensar que seria muito mais compatível com os eventos em curso, se pudéssemos dizer a uma pessoa que afirma não ter saído da cama onde teve um sono repousante, que aquilo que de fato nos interessa saber é por onde ela andou, e o que é que ela viu, quando na sua presente visão, ela estava dormindo. É mais do que provável que ela reiteraria que não tinha se deslocado para lugar nenhum: que não saíra da cama. Mas

40 SEM TÍTULO

também é possível que ela dissesse: "Olha, é verdade, eu tive um sonho... mas não passou de um sonho".

Freud foi uma dessas pessoas esquisitas que parecia pensar que os sonhos merecem mais atenção. Isto ocorreu com alguma frequência. Sabemos que o *Livro do Gênesis* relata sonhos e, inclusive, supostas interpretações daqueles sonhos. No Livro de Daniel, por exemplo, existem outras descrições de figuras concretas de moedas antigas que parecem ir direto ao ponto, por se referirem a pesos e medidas. No entanto, havia algo em relação às palavras em si (mina e meia-mina) que induziram o sonhador – ou seja, a pessoa que se defrontou com aquilo que estou chamando de "pensamento extraviado" – a sentir que essas palavras tinham um significado adicional, além daquele habitual. O porquê de ele achar isto me é desconhecido, e talvez nunca venhamos a saber. Mas, ele conseguiu de fato encontrar alguém que pareceu concordar com sua ideia e que lhe ofereceu as palavras e a interpretação que, segundo consta, revelou-se correta.

Deixarei isso de lado por enquanto, sem ampliar o assunto a não ser para lembrá-los da existência deste estado de mente esquisito onde enxergamos coisas e passeamos em lugares que, quando o nosso estado mental muda em função de termos "acordados", então ignoramos aqueles fatos, aquelas incursões, aquelas visões, com a justificativa que eram *meros sonhos*.

No caso de um desses pensamentos extraviados brotarem, acho que tentarei estar preparado para recebê-los, tendo arranjado certas categorias que pudessem adequar-se a colocá-los temporariamente numa situação... mas, que tipo de situação? Seria difícil encontrar uma palavra para isso. O vocabulário que eu disponho no momento não me parece suficiente para minhas necessidades: então, vou chamá-lo de "caixa".

A primeira caixa que me vem à mente, no fundo não se presta para algo tão efêmero como aquilo que me parece ser um pensamento:[1] vou chamar esta caixa de "elemento-beta". Eu não sei o que é que isso significa, nem o que isso *é*: enquanto isso não acontecer, acho melhor me manter ignorante. Mas, de qualquer modo, caso esta estranha criatura surja boiando no meu horizonte,[2] não posso ignorá-la.

Mas há outra coisa um pouco mais sofisticada, qual seja uma criatura igualmente física, mas que desperta em mim sentimentos e pensamentos embrionários, algo que está próximo a um protótipo de reação mental: chamarei estas outras criaturas de "elementos-alfa". Também não sei nada sobre elas, mas sinto que passo por estados de mente nos quais percebo que elas existem. Há situações, por exemplo, em que tenho uma dor de estômago ou de cabeça, ou em que dizem que eu estava insone, agitado e virando na cama. Isto ocorreu numa ocasião em que me diverti ouvindo contar que, após um acidente, me encaminharam para a enfermaria da escola, e eu passei a delirar. Minha moral diante de meus colegas cresceu por acharem que eu estava "gravemente doente". Neste estado, cheguei a levantar uma cadeira e jogá-la no meio da sala, felizmente sem atingir ninguém.

Em outras ocasiões, caído novamente na tentação obsedante de dizer que tivera um sonho, eu só conseguia dizer que sentia dor física, que meu braço doía: chegava até a me lembrar ao acordar que meu braço estava duro. Este é o tipo de coisa, quando acontece, que eu gostaria de colocar nesta categoria.

Há outros momentos nos quais estou semiacordado e semiadormecido. Neste estado, surgem certas ideias que fazem sentido quando estou totalmente desperto, já que consigo expressar aquilo que sonhei com exatidão, mediante formulações verbais de imagens visuais. Acho que nesta situação, poderia dizer que me encontro em um estado de mente diferente, a saber, uma disposição mental consciente ou vígil.

De novo me vejo em dificuldades, pois de fato não sei como chamar isto, mas talvez você consiga saber do que estou falando. Talvez seja mais recomendável nesta altura se eu tomasse a precaução de retroagir recorrendo a números: chamaria os elementos-beta de 1, os elementos-alfa de 2, as imagens pictóricas na categoria 3. Ou então, poderia usar letras como A, B, e C.

Na medida em que vou ampliando minha vigília, hesito, pois gostaria ao mesmo tempo de oferecer estas "caixas" para criaturas bem diferentes, ou aparentemente diferentes, aquilo que matematicamente poderia ser considerado como as visões negativas das primeiras criaturas. Elas poderiam ser registradas como −E, −F, −G, −H etc., até chegar no zero. Desta maneira, disporíamos de um zoológico bem grande para receber uma ampla gama de pensamentos extraviados, com ou sem os respectivos donos...

A vantagem daquilo que mencionei até agora é que eu acho que assim eu posso mapear estas coisas registrando-as numa folha de papel onde as devidas marcas possam ser assinaladas. Posso, inclusive, tentar comunicar estas coisas a vocês.

Pensando bem, sinto-me um tanto insatisfeito e, apesar de sentir que é muito improvável que eu jamais venha a me sentir satisfeito, tentarei investir minha insatisfação de forma proveitosa, considerando mais alguns outros métodos de se poder albergar estes pensamentos extraviados.

No caso deles se apresentarem assim de forma visível, eu posso ajustá-los a uma cor apropriada. Por exemplo, inspirando-me em sonhos que já tive, usaria cores como o azul do céu, o vermelho do sangue e o amarelo-ocre, a cor da terra: estas são cores primitivas, primárias, e podem nos ajudar bastante. Mas, em se tratando do tipo de coisa que chamei de elemento-beta, as coisas ficam mais difíceis: eu não saberia como descrevê-los. Talvez, provisoriamente, fosse possível falarmos numa "escuridão maciça", algo diferente da simples escuridão onde ainda encontramos uma certa quantidade de luz: no caso, seria algo sem qualquer luz, o tipo de luz que Vitor Hugo chamou de "*le néant*"[3] e ao qual Shakespeare (MacBeth, V. 3) se referiu como "um conto relatado por um idiota, cheio de som e fúria, significando nada", ou seja, zero.

Mas, eu ainda não estou contente, pois, pensando nisto de modo linear, eu gostaria de começar com estes números e letras positivos e me deslocar até menos 1, 2, 3, 4 e assim indefinidamente. Talvez isto nos leve aos campos do infravermelho e do ultravioleta; em termos de categorização numerológica, talvez fosse preciso usar um termo como "infinitude".

O pior de não sermos matemáticos ou artistas, é que eu me sinto na posição de um feto ou criança, que, eu imagino, não possuem modos adequados de expressão ou comunicação e, em geral, não possuem grande coisa a ser comunicada. O bebê, por exemplo, pode querer comunicar que está com fome ou solitário. Agora, eu, neste estranho mundo no qual me encontro, necessito tanto de alimentação quanto de alguém com quem me comunicar, não por ter coisas incríveis a dizer, mas por me encontrar num estado de mente com o qual estou penosamente familiarizado: o estado de mente onde me sinto abissal, literal e metaforicamente ignorante. Esta é uma das razões pela qual tenho uma certa urgência de poder tentar encontrar alguns tipos de rede na qual eu possa capturar quaisquer pensamentos que estejam disponíveis.

Como podem ver, eu já estou de novo me metendo em dificuldades, por isso gostaria novamente de pinçar alguma outra categoria para testá-la no acolhimento de qualquer pensamento. O mais próximo que consigo imaginar isto, seria aquilo que os músicos conhecem bem e por isso desenvolveram com competência. Quando criança, lembro-me de ter visto um animal no zoológico: ele estava raspando seus chifres nas grades da jaula. O aspecto peculiar desta criatura é que ela mantinha sua atividade ritmicamente. Era algo extraordinário, tanto que chamei a atenção de um adulto que me acompanhava, aliás, um homem bem sensível, e ele concordou tratar-se claramente de um ritmo definido que, inclusive, poderia ser inscrito numa partitura.

Sinto-me ainda eletrizado por estas comunicações rítmicas. É fascinante ouvirmos a apresentação de um conjunto de percussão: isto causa em mim o mesmo efeito de um poeta ao referir-se à "música magnífica de um tambor distante" (*O Rubaiyat de Omar Khayyam*, Fitzgerald, 1859, p. xii).

Na guerra, lembro-me de ter sido impactado de maneira impressionante quando ouvi a música distante das gaitas-de-foles de uma Divisão de Highlanders que iria nos acompanhar em batalha. Desde então ouvi muitas espécies diferentes de músicas, inclusive aquela descrita por Osbert Lancaster, denunciando a presença do Exército Britânico, ou seja, "fragmentos de sons desafinados".

Quando ouvi pela primeira vez a música de Stravinsky para o balé Petrouchka, senti tratar-se de algo incompreensível e pouco agradável, mas muito sofisticado. Vou falar disso de novo um pouco adiante.[4]

Estou gastando tempo à toa pensando deste jeito, ou seja, um pensar quase ausente. Se na minha infância eu tivesse sido surpreendido neste estado, alguém poderia ter dito: "Vê se vai trabalhar vagabundo!"

Por ora vou dar uma olhada na minha pescaria para ver se peguei algo na rede da minha ociosidade...

Em que consiste este primeiro espécime? "Até rapazes e moças iluminados estão fadados, como os limpadores de chaminés, a virar pó." Este pensamento extraviado tem ligado a si um nome e um endereço: Shakespeare, Cymbeline, IV, 2 (*Golden lads and girls all must,/As chimney-sweepers, come to dust.*) O único endereço que eu conheço, neste caso, é Stratford-upon-Avon,[5] mas sabendo que ele está morto, me apossarei de algo sabendo, no fundo, ser de sua propriedade.

Temo que uma frase dessas soe para mim como algo terrivelmente banalizado. É uma dessas coisas sobre as quais se poderia dizer: "É, eu sei... é, eu sei!", palavras que eu aprendi a encarar com grande suspeita e tristeza. Sempre que escuto esta expressão, "É, eu sei" ou "você sabe", repetida *ad infinitum*, eu fico triste, por perceber quão difícil será conseguir comunicar aquilo que eu quero ou preciso: se o espaço está preenchido pelo que já se sabe, não há lugar para mais nada... Torna-se quase uma operação arqueológica ter que escavar este conhecimento na esperança de encontrar em algum canto do seu interior um pensamento, ou quem sabe uma sabedoria, ali enterrados.

Num certo sentido, é isto que ocorre nas experiências que eu tenho nas sessões de análise. Os pacientes que me procuram parecem já ter ouvido tudo aquilo que eu tenho para dizer-lhes: já leram em livros, já ouviram coisas vindas de psicanalistas, de psiquiatras, ou de gente que se sentiu curada. Aquilo que possuem para me dizer também está profundamente enterrado já que estão acostumados a repeti-lo, que acham saber, que seria uma total perda de tempo encontrar alguém que ainda possa se interessar por aquilo que estão falando.

O tipo de escavação que parece ser necessária para se conseguir vislumbrar uma nesga de sabedoria é tão intimista que as pessoas sentem que uma simples enxada ou pá, ou hoje em dia até uma bomba atômica, jamais chegaria lá. No entanto, apesar de estar seguro que estes métodos invasivos de comunicação por vezes

46 SEM TÍTULO

pudessem expor algo valioso, é claro que eu não recomendaria a explosão atômica como um meio de exploração arqueológica do Zigurat. De fato, mesmo pessoas extremamente cultas e cuidadosas como Sir Arthur Evans[6] foram acusadas de serem destrutivas em função de terem destruído mais do que puderam esclarecer, através de suas escavações e reconstruções.

Do mesmo modo que o arqueólogo precisa ser muito cuidadoso quando pensa ter achado um objeto potencialmente revelador e precisa recorrer a um pincel de pelo de camelo no lugar de uma enxada ou pá, o analista também precisa saber quando descartar estes métodos grosseiros e violentos e escolher algo mais suave, revelador e menos destrutivo que uma pá. Não é fácil tomar esta decisão, e esta seria a única razão porque a psicanálise precisa ser exercida com cuidado já que a situação é tão precária, sendo tão difícil se conseguir as condições mínimas para se cultivar a sabedoria, seja em nós mesmos ou em nosso parceiro, no caso o paciente.

Retornemos a nosso achado: "Rapazes e moças iluminados todos deverão virar pó como os limpadores de chaminés", junto com "É eu sei, todos nós sabemos isto, e provavelmente já estamos cheios disto até as tampas, como em relação a outros nacos de Shakespeare que aprendemos forçosamente na escola, ou que hoje se tornaram populares."

Hugh Kenner, ouvindo acidentalmente a fala de uma camponesa de Warwickshire, descobriu um outro significado, provavelmente comum na época de Shakespeare: "os rapazes e moças iluminados" poderiam representar o dente-de-leão que, quando da queda de suas pétalas, fica parecendo a vassoura de um limpador de chaminés, passando então a ser chamado por esta expressão.

Portanto, deste ponto de vista, Shakespeare pode usar uma simples frase através da linguagem corrente que, então, pode comunicar uma ideia centenas de anos depois a pessoas que provavelmente já esqueceram completamente o significado usual das palavras que ele usou originalmente, transformando-as em frases imortais que resistiram por centenas de anos sem perder seu significado. Coisas semelhantes foram produzidas por ele continuamente, como sabemos, por exemplo: "O próprio corvo ficou rouco ao grasnar a entrada fatal de Duncan ao atravessar meu peitoril" (MacBeth, I, 5).[7]

A palavra mais difícil e comprida na sentença é *battlements* (peitoris) e, no entanto, a sentença no seu todo transmite um significado que é extremamente mobilizador e que desperta sentimentos profundos.

Qual, então, seria a linguagem, o método de comunicação que precisamos empregar quando quisermos descrever, formular ou capturar uma ideia que venha a nosso encontro em nossos sonhos, que nos seja transmitida por alguém, ou apareça em estados de mente inéditos, estejamos acordados ou adormecidos?

O que quero expressar é um tipo de experiência que estamos sujeitos a ter se somos psicanalistas e, portanto, interessados na área do pensamento. Poder-se-ia indagar, que área do pensamento? Precisamos usar palavras como "psicanálise": são palavras longas, feias, pomposas e também desprovidas de significado. O máximo que posso dizer é: "Você precisa se submeter a uma análise para saber do que é que eu estou falando", ou então, "Você precisa ser um analista", o que não deixa de ser uma forma insatisfatória de transmitir o que estou querendo.

A experiência analítica, a coisa em si, a coisa básica, a coisa fundamental, é algo que vale a pena preservar e, portanto, que se possa comunicar às pessoas na semana que vem, no ano que vem, no século que vem, e talvez até trezentos ou quatrocentos anos de-

48   SEM TÍTULO

pois. A ideia não é informá-las, mas sim habilitá-las a entrever os tipos de veredas do pensamento que se estenderão diante de nós provavelmente por muito tempo, se algum de nós ainda estiver presente para enxergar.

Num poema em que descrevia o galopar dos cavalos na floresta, Kipling diz: "Eles fecharam a estrada que atravessava a floresta há setenta anos".[8] Podemos falar das florestas que ainda existem, usando o termo metaforicamente, fazendo-o significar aquilo que nos ocupa hoje, amanhã e durante todos os amanhãs, porque a estrada que atravessa as florestas é escurecida pelas árvores e pode mesmo ser escurecida pelas florestas que brotam, de modo que estamos defrontados com uma forma bem singular de escavação.

De vez em quando, deparamo-nos com uma criança que não consegue se alfabetizar. Em geral cria-se um antagonismo no professor devido às limitações da criança, mas ele se esquece que por várias razões a criança pode não ver ou compreender a utilidade de aprender o alfabeto.

Afinal de contas, estou familiarizado com o fato de termos pacientes que não vislumbram as letras para as palavras, as palavras para as sentenças e, com certeza, não conseguem enxergar o espírito humano espreitando em algum lugar por trás desta abundante plantação de jargão ou de ervas daninhas verbais que proliferam num ritmo extraordinário e, em alguns climas, florescem de tal forma que fica difícil acreditar que a psicanálise consiga encerrar qualquer significado.

Freud ficou muito impressionado com a afirmação de Charcot de que quando você não compreende uma situação, quando você não percebe qual o diagnóstico, é preciso persistir até que um padrão penetre a obscuridade lhe permitindo formular a natureza deste padrão.

Em nosso caso como psicanalistas, estamos diante de algo que parece ser um indivíduo singular. Nossa atenção está em geral focada numa capacidade humana recentemente desenvolvida, qual seja, a de elaborar e usar a fala articulada. Esta é uma aquisição obviamente muito poderosa e útil. Mas, ao mesmo tempo que cultivamos o estado mental no qual é possível comandar o uso de técnicas desenvolvidas em épocas relativamente recentes, como a fala articulada, também temos que nos defrontar com a multiplicidade de palavras, pensamentos, sons, sensações e sintomas físicos obscuros, de modo a conseguirmos atingir o núcleo fundamental e básico da questão que está subjacente.[9]

Não faz muito tempo, os médicos ficaram contentes em poder detectar pacientes que sofriam de uma doença conhecida como hidropisia. Mas esta não era a única doença, muitas outras existiam como insuficiência cardíaca e assim por diante: isto é muito desanimador, apesar da gratificação que surge cada vez que rastreamos a origem de uma nova doença.

Mas que dizer do homem ou mulher que se apresenta em nosso consultório? Esta pessoa é o colaborador mais poderoso que você jamais encontrou. Nesta profissão solitária, tudo depende de nós mesmos, sozinhos, se bem que, ao mesmo tempo, estamos numa sala com um "alguém" que, além de ser a pessoa que veio buscar assistência, é também a pessoa apta a nos prestar a assistência mais poderosa que jamais encontraremos.

Se o foco for uma doença física, temos que aprender a linguagem falada pelo corpo: temos que observar o *fácies*, o vermelho corado da saúde, a saúde "escarrada" a ser diferenciada de uma desconhecida doença hematológica, e assim por diante. O animal humano, diferentemente de outras espécies, pode mentir e, provavelmente, desde os primórdios foi praticando a arte de mentir e desinformar, pois sentimentos de culpa estimulam a proliferação de uma capa-

50 SEM TÍTULO

cidade de mentir e enganar: tanto a si mesmo, quanto a qualquer outra pessoa que seja capaz de detectar o suposto crime que o bebê desconhece, apesar de poder demonstrar doses de culpa.

A questão então é saber: qual seria a contraparte mental destas mentiras, destas afirmações, do rubor enganoso da saúde escarrada, desta aparência de saúde atlética somática e da aparente facilidade com que um corpo masculino pode manipular o tecido erétil? Muitas pessoas foram engabeladas supondo que um menino ou um homem é duplamente potente, por ter um pênis e por ele poder se tornar visivelmente ereto. Isto fica muito mais dissimulado na mulher, na qual pode ser muito mais difícil detectar quaisquer sinais de ereção, mas psicologicamente ela pode ser muito potente, muito mais potente do que o garoto ou o homem que ela esteja observando e de quem ela espera potência sexual.

Todos sabemos de situações onde as mães se chocaram e se assustaram ao descobrir que seus bebês podiam causar ereção em seus mamilos e, daí, terem dificuldade em alimentar os bebês; o bebê também passa a ter dificuldades de participar na mamada devido ao medo da mãe quanto a essas sensações esdrúxulas, despertadas também por suporem que o próprio lactente pode ter ereção. Todos estes fenômenos são físicos: qual seria a contraparte psicológica ou mental disto tudo, eu não sei.

Esta é uma das razões porque me parece útil manter esta caixa no interior da qual pretendo colocar meus vários elementos-beta, situações que ainda não são pensamentos e sobre as quais me é fácil dizer: "Acho que sei o que este paciente está pensando, mas estou bem seguro que ele o negará, pelo simples fato de estar pensando."

Retornando a um ponto que já mencionei, eu poderia dizer a um paciente: "Onde você estava a noite passada, e o que você viu?" e ouvir que não estava em lugar nenhum, e que não vira nada –

ele estava dormindo na cama e negaria calorosamente que tivesse saído de lá, ou visto alguma coisa. Se você restringir sua visão ou o seu tópico de conversa ou discussão ao movimento geográfico, então seria perfeitamente verdadeiro que haveria muito lugares que se poderia alegar não terem sido visitados. Qual o aspecto de Mandalay? Ou de Pondicherry? Ou Samarcanda?[10] Algumas pessoas poderiam descrevê-las; elas sabem qual é o seu aspecto; elas viajaram tanto, sabem tanto desses lugares e de outros semelhantes, que não poderiam responder minha questão.

Qual o significado de "sexo"? Qual o significado da expressão "situação edípica"? Considere isto, se possível, na posição na qual existem somente duas pessoas, o analista e o analisando. Onde você alocaria esta história? Você poderia encontrá-la no *Dicionário de Mitologia*, se lhe agradar. Eu não sei por que a Esfinge não é citada com mais frequência: talvez seja porque a Esfinge se suicidou e nós não sabemos se devemos exercitar nossa curiosidade, ou matá-la.

Estamos tão familiarizados com as teorias psicanalíticas que tendemos a esquecer os pontos básicos: a coisa piora se percebermos quão difícil é sabermos quais são os pontos fundamentais. As associações livres (às vezes as análises soam como se estivéssemos nos divertindo o tempo todo, perambulando num capinzal, colhendo lindas flores selvagens, admirando os arbustos e não nos aproximando de nada que pudesse ameaçar o sono da bela-adormecida), a sabedoria que jaz rapidamente adormecida nas moitas; por vezes enterrada não só literalmente sob os montes de terra do Zigurat, ou no Cemitério de Ur dos caldeus ou Cnossos, ou mesmo no Oráculo de Delfos? Esta voz seria audível de algum jeito?

Será que isto soaria muito romantizado se aplicado ao caso do Sr. X e sua esposa fatigante, ou ao caso de um homem perverso para supormos que em algum lugar, enterrada em baixo destes acúmulos de conhecimento, existiria uma centelha de sabedoria que pudesse ser soprada transformando-se numa chama? Sempre terão pessoas que dirão: "Sim, é possível, mas eu sugiro não fazer isso, pois se você transformar a centelha em chama você iniciará uma conflagração e só Deus sabe onde isso vai parar. Esquece!".

Mas muitas pessoas ainda dirão: "O mundo ia muito bem até que chegaram estes estropícios de freudianos e kleinianos: são eles os responsáveis por esta promiscuidade sexual e pela bagunça geral". Como o próprio Freud assinalou, não há nada de novo no que diz respeito à situação de alguém reclamando dos médicos por estarem sempre descobrindo e inventando novas doenças e padecimentos: eles têm o maior interesse nisso, já que é assim que serão pagos para curá-las. Há até uma certa plausibilidade nisso, sempre existirá espaço para a corrupção, a desonestidade, a fraude, mas mesmo assim ainda acho que podemos prezar a assim chamada "ciência médica". Estes termos, como "ciência", estão muito aviltados: são como moedas onde não se pode ler as inscrições, pois estão tão desgastadas pelo uso, que não enxergamos mais as marcas originais.

O que me interessa é assinalar o tipo de área que nos ocupa em psicanálise. A seguir, espero poder considerar como transformar este interesse em atividade que valha a pena. Por ora, é preciso considerar quais de nossas capacidades são de valor neste particular. No fundo, nós, de fato, não sabemos quem é a pessoa que estamos analisando, tanto hoje quanto amanhã. Aquilo que já sabemos, bem como aquilo que o paciente já sabe, não tem qualquer utilidade ou importância: o passado é passado e, de alguma forma, este termo é parte da conveniência da expressão articulada. A razão pela qual nós nos ocupamos com coisas que são lembradas na nossa história passada, não é em função daquilo que foram (se bem que isto, por si mesmo, possa ser bem importante), mas em função da marca que deixou em nós, você ou eu, *agora*. De que modo estas coisas podem ser detectadas?

Os embriologistas dizem que podemos detectar restos de uma cauda vestigial, fendas branquiais etc., parecendo apontar para uma origem piscea de um tipo muito primitivo, do qual nós humanos nos afastamos. Mas, se este é o caso fisicamente, acho que o mesmo possa ter ocorrido mentalmente: podem ainda existir traços na mente ou personalidade ou temperamento, *no presente*, de partículas que possuem uma longa história, de coisas que esperaríamos serem fundamentais, básicas, primordiais.

Será que algumas destas "partículas sobreviventes" podem ser evidenciadas naquilo que se pode observar agora na fala humana da pessoa com quem estamos falando, bem como em nós mesmos que produzimos a fala? Esta me parece ser uma das descobertas fundamentais da psicanálise: estados mentais arcaicos, pensamentos e ideias arcaicas, padrões primitivos de comportamento, tudo isto pode ser detectável em pessoas mais civilizadas e cultas já que, em pessoas mais primitivas é de se esperar que estejam menos camufladas.

Estes elementos arcaicos podem, hoje em dia, adquirir certa importância: suponha, por exemplo, que os restos de uma fenda branquial possam gerar um tumor de fenda branquial. Do mesmo modo, poderiam existir certos elementos arcaicos detectáveis em nossas mentes ou personalidades, que sejam realmente sobreviventes e que possam proliferar de um modo benéfico, ou então de um modo patológico, canceroso.[11]

Esta é a única razão pela qual me parece interessante receber um paciente hoje, amanhã, no futuro, ou seja, sempre que ele ou ela estiverem dispostos a se deixarem observar... (interrupção da gravação).

29 de maio de 1977

Qualquer pessoa que lesse este relato até aqui no primeiro capítulo pode constatar que dificilmente ele poderia ser descrito como "científico"; ou seja, ele poderia ser visto como algo que, segundo o leitor que o lê, poderia ser taxado de imaginativo, fantasioso ou ciência imaginativa. É uma questão de opinião. Ressalto isto porque estas opiniões precisam ser ativadas quando se tenta avaliar seja o que for, por exemplo, se é a aparência física de uma pessoa, ou se é a sua personalidade que acaba se revelando, naquilo que ele diz, escreve, ou faz. Em resumo, estamos fazendo um tipo de interpretação de qual evidência chega até nós por intermédio de nossos sentidos. Há ainda o fato de que seria útil saber qual é a qualidade da informação que é veiculada, já que dependemos da avaliação desta evidência. Em primeiro lugar precisamos avaliar o valor do próprio mecanismo de coleta. Eu, por exemplo, tenho agora um bom tanto de experiência na qual basear minha opinião sobre quão confiável eu acho que minhas impressões seriam, e quanto eu acho que minha capacidade de ver é saudável, quão acuradamente meus olhos trabalham, e assim por diante.

Apesar de ser possível diferenciar esta discussão caso se trate de fala ou escrita, ao se fazerem estas transformações verbais, nós de fato não conseguimos diferenciar o que for que se apresente a nós e que desejemos avaliar e compreender: isto não é diferençável, de alguma maneira, apesar de que acho que poder-se-ia dizer que foi algo "escutado", "visto", ou que foi "dito" por alguém. Estas divisões aplicam-se melhor ao maquinário que está compilando as informações, ou seja, à personalidade com seu equipamento, do que propriamente ao universo no qual existimos. Este universo não obedece às leis da fala articulada, ou às leis da óptica, apesar de se considerar que as leis tendem a se autoiluminarem. Mas é questionável o quanto das leis aplica-se aos fenômenos objetivos reais e em que grau as leis só se aplicam, ou só expressam significativamente, capacidades humanas. Veremos posteriormente que isto é verdadeiro para diversas atividades diferentes das quais possamos falar, tanto no sentido de nossa capacidade lógica, bem como de nossa capacidade de sentir, pensar e observar.

Esta introdução representa, ela mesma, uma pausa na qual estou tentando avaliar aquilo que eu já disse durante o processo de fala continuada, ou de pensar sobre este assunto.

Eu não estou de fato tentando avaliar a natureza da informação que me é trazida por meus sentidos físicos, aquilo que eu chamaria de elementos-beta, um material que parece ser mais físico que mental: eu nada sei a seu respeito, eu meramente suponho que isso exista, eu meramente suponho que foi apoiado numa estrutura deste tipo que eu construí todo um sistema arquitetônico de pensamento. Portanto, avançarei a partir deste ponto, que eu descreveria como uma operação de curiosidade, uma tendência a coligir fatos para o esclarecimento da natureza dos fatos que eu colijo e, daí para a comunicação da informação que eu sinto que minhas atividades coletaram.

O ponto pelo qual eu estou começando é aquele que eu denominaria de imaginação especulativa e raciocínio especulativo. Eu gostaria, por ora, de dividi-los em categorias, que eu pudesse descrever, inspirando-me na matemática como um subgrupo de um grupo principal.

Em primeiro lugar, considerarei a imaginação especulativa: que tipo de valor deveríamos atribui a isto? Minha impressão é que isto é muito importante. Quando eu tentei supervisionar pessoas que me procuraram para supervisão como parte da formação, eu sugeri que eles não deveriam preocupar-se muito com aquilo que eu ou qualquer outra pessoa pudesse pensar sobre suas contribuições, mas deveriam sustentar as próprias interpretações sobre o material que me apresentavam. Percebi que, em geral, eles ficam muito desconfiados e ansiosos para produzir uma interpretação que tenha a benção de alguma autoridade psicanalítica, ou que pensavam que eu as pudesse aprovar, caso eu fosse esta autoridade psicanalítica possuidora de uma aura de importância e influência. Eu nem me dou ao trabalho de considerar a natureza de tal autoridade, pois sei o suficiente a meu respeito, para saber que a inclinação a acreditar que eu pudesse ser uma autoridade psicanalítica é, de fato, muito enganosa e obstrutiva ao progresso. O seguinte ponto precisa ser ressaltado: "Fique à vontade para dizer o que quiser; por favor, não deixe de expressar aquilo que você pensa ou imagina ser o significado do que me relatou". A razão de dizer isto não é por achar que tudo que lhes resta a fazer é desconectar suas mentes de suas mandíbulas, deixando com que as mandíbulas e as línguas fiquem livres para sacolejar. A ideia não é esta, mas isto pode ser um estágio preparatório: mesmo antes de podermos pensar muito, ou que tenhamos suficiente capacidade para pensar, deveríamos ser capazes de deixar nossas línguas e mandíbulas sacolejarem, como sugeri; mesmo se isto não fizer muito sentido, pode vir a ser um passo na elaboração de uma fala articulada.

Similarmente, estas especulações imaginativas, por mais ridículas, neuróticas, ou psicóticas, que sejam, podem, no entanto, ser estágios na direção daquilo que poderíamos encarar basicamente como formulações psicanalíticas de cunho científico. Pode ser que esta ideia seja bem equivocada, mas eu a apresento para que vocês a testem, e cheguem às suas próprias conclusões. Segundo minha experiência, ela parece ser muito importante. Quando você permite que sua imaginação brinque com o material da forma mais sincera possível, e se permite a formulá-lo com toda honestidade, pode-se então avaliar a natureza do produto. Eu diria, então, que é bom podermos dizer aquilo que foi observado por nós qualquer que seja nosso estado de mente. Esqueçamos a sua natureza e valorizemos as informações que coletarmos naquele estado de mente, qualquer que seja: pode ser que você conclua tratar-se de um sonho, ou de uma alucinação, ou algo que você pintou ou "rabiscou" numa folha de papel quando estava distraído, ou que você tivesse composto como melodia, cantando ou assobiando, caso tenha este dom. Já ouvi dizer que é bom que os gagos tentem cantar para aprimorar sua capacidade de falar normalmente.

Creio que a imaginação especulativa é algo a ser levado em conta, quando não se sabe o que engendrou um desenho ou pintura, independentemente de ser fruto de sonho, alucinação ou delírio. Parto do princípio de que o artista presumidamente viu, ou pensou que viu, aquilo de que desenhou. Se considerarmos, por exemplo, na arte renascentista, veremos um monte de santos, crucificações e adorações: mas quando é que tudo isto foi visto? E como puderam vê-los tão nitidamente a ponto de conseguirem circundá-los com uma linha, colori-los e moldá-los, de modo que hoje eu possa olhar para uma destas situações e dizer: "Esta pessoa viu isto há trezentos, quatrocentos ou quatro mil anos". Ou, eu poderia entrar na Gruta de Lascaux e ver nas paredes várias marcas de pinturas e desenhos, um pouco distorcidos, é verdade, na medida em que precise contar com ajuda de uma iluminação elétrica para enxergar suas formas e cores. Não me é possível saber que tipo de luz elas recebiam quando foram pintadas. Do mesmo modo, posso adentrar nas Grutas Elefantinas perto de Bombaim e ver os relevos ali incrustados e, de novo, não saber sob que iluminação ou estado de mente foram produzidos. Eu imagino que meu estado de mente seja bem diferente do estado de mente do artista que os pintou, de forma bem parecida que eu *penso* que consigo compreender as formulações verbais de uma peça de Shakespeare: pelo menos minhas chances crescem, neste sentido, se eu dispuser de atores muito capazes que saibam como colocar o drama escrito em forma dramática. Digo isto por achar que hoje em dia às vezes esquecemos que já somos reféns de boas representações, antes de podermos afirmar que conseguimos compreender uma peça de Shakespeare. Isto depende em alto grau da capacidade de podermos confiar na evidência de nossos sentidos, de termos a sorte de contar com atores que façam a peça nos parecer compreensível. Já citei Cimbeline:

"Os meninos e meninas de ouro acabam por se desfazer em cinzas, como os limpadores de chaminés". Isto precisa ser interpretado por mim num estado de mente em que eu me sinta plenamente acordado e consciente, mesmo tendo transcorrido trezentos ou quatrocentos anos: isto será inevitavelmente diferente do estado de mente da pessoa que escreveu estas linhas originalmente. Eu não sei que estado de mente era aquele, nem qual era o inglês falado naquela época em Warwickshire. Só me resta me maravilhar com tal estado de mente, ou com o estado de mente de Leonardo da Vinci que vislumbrou com tanta clareza a Virgem Maria e Santa Ana. O melhor que posso fazer é estar disponível para apreender e entender o que for que eles tenham tentado comunicar durante suas vidas, através de um registro que eu ainda posso ver ou ouvir.

Esta descrição algo enfadonha é para chamar atenção ao fato de que, quando você se encontrar com seu paciente amanhã, eu não sei com quem você estará se encontrando, e nem você sabe. Podia ser qualquer pessoa. Eu não tenho dúvida que precisamos respeitar aquela mente ou personalidade: isto me parece a coisa mais importante na psicanálise como um todo – a recomendação de que a mente humana, e seus produtos, merecem atenção. Eu não estou imaginando que você vá encontrar William Shakespeare; nem que você se encontrará com o escritor do *Baghavad Gita*, ou com algum famoso pintor, escultor ou compositor – um Mozart, talvez. Mas estou sim sugerindo que você nunca ficará sabendo da contribuição destes autores, a menos que seja capaz de respeitar a experiência viva que se apresenta a você quando o paciente se dispõe a investir tempo e dinheiro vindo se encontrar com você. Se você não estiver lidando com alguém que mereça ser examinado com este cuidado, tudo que me resta dizer é que possivelmente possa valer a pena se nós mesmos pudermos aprender algo com aquela experiência. Portanto, há sempre uma chance que os compromissos que tenhamos agendados para amanhã possam ser bem aproveitados. Isto pode ser bem proveitoso pelo fato do paciente ser uma pessoa com alguma importância ou valor, e possuidora de dotes que até então estivessem adormecidos, ou no caso de terem sido despertados, serem ignorados sob alegação de que ele (ou ela) eram estúpidos, psicóticos ou loucos.

A mesma coisa pode aplicar-se a nós mesmos, se bem que agora isto seja improvável, já que a maior parte de nós já viveu o suficiente para que algum tipo de dotação já tenha tido oportunidade de manifestar-se. Espera-se que a análise já tenha nos fornecido uma chance, enquanto nos tornamos psicanalistas, de revelar aquelas habilidades que por acaso possamos ter. Estou propenso a dizer que penso tratar-se de otimismo, mas não creio que se possa atribuir muita importância a qualquer esperança deste tipo: pelo menos não no que me diz respeito. Por outro lado, porém, não acho que devemos nos expor a sermos imobilizados seja por esperanças, ou por medos: se as esperanças são enganosas, os medos podem mentir ("Se as esperanças fossem enganosas, os medos podem ser mentirosos": Arthur Hugh Clough, "Não diga que a luta não valeu a pena"). Portanto, é preciso termos respeito por nós mesmos e pelo analisando.

Este ponto é importante, pois acho que os psicanalistas têm dificuldade em perceber que existem condições mínimas necessárias para a atividade que chamamos de psicanálise. Algumas destas condições estarão sob nosso controle, ou seja, podemos evitar nos encontrarmos num estado de mente inadequado; podemos evitar sermos vítimas daquilo que eu descreveria naturalmente como um estado de agitação; de cultivar um espírito bem-humorado que faculte um livre trânsito a todas nossas emoções, anseios e desejos. Isto, no fundo, não seria muito diferente do que se estivéssemos fortemente drogados com álcool, em termos literais, ou com nosso otimismo, pessimismo ou desespero, em termos metafóricos. Daí a importância de conseguirmos nos livrar de nossas memórias e desejos.

No que concerne à supervisão, é saudável que não encaremos o supervisor como alguém para nos fornecer informação ou conhecimento sobre psicanálise.[12] Se pudermos apreender uma ou duas ideias numa supervisão, ou numa análise, é igualmente recomendável que você as "esqueça" quando estiver com o analisando, porque se não o fizer, sua mente já estará tão impregnada com seus anseios, desejos, teorias e expectativas, que simplesmente não haverá espaço para uma ideia nova: não existirão interstícios pelos quais aquilo que for captado por seus sentidos possa nutrir sua capacidade de compreensão. Por ora, não vou lhes incomodar a respeito da natureza desta capacidade de compreensão: este é outro assunto a ser tratado posteriormente, já que é algo que tem sido discutido e debatido há séculos, antes mesmo que se ouvisse falar em psicanálise.

O analista precisa se despojar ou se desnudar de suas memórias e desejos para que possa abrir espaço para o presente – para aquilo que eu chamo de presente. A psicanálise transmite a impressão, a meu ver equivocada, que aquilo que é importante é o passado. O passado não é importante porque nada pode ser feito a seu respeito; as únicas coisas sobre as quais podemos fazer algo são os restos, ou vestígios do passado, sejam eles estados de mente ou partes arcaicas de nossa constituição física (fendas branquiais, caudas vestigiais etc., em suma, nossa ancestralidade simiesca). É possível usarmos estes vestígios discerníveis no presente, desde que nos permitamos discerni-los. Mesmo em termos físicos, seria útil possuirmos algum resquício de conhecimento de embriologia, caso estejamos confrontados com um paciente queixando-se de algum tumor no pescoço, ou outros sintomas físicos que se façam proeminentes.

Nossa posição, em minha avaliação, é que apesar de termos afastado nossas observações do corpo para a esfera da mente, o corpo não deixou de existir.[13] Não é por tentarmos usar os fatos que o paciente relata transformando-os naquilo que chamamos de "associações livres", a serem interpretadas, que eles deixarão de ser fatos. Os pacientes amiúde dizem: "Não seria razoável sentir isto, se eu lhe conto aquilo que tenho observado?"; naturalmente, eu não sei se aquilo é ou não razoável: só o paciente pode sabê-lo. Não estou de modo algum duvidando da precisão, ou da sinceridade da descrição que ele me forneceu daquilo que observou, estou simplesmente desconsiderando aqueles aspectos da observação porque ele está mais a par deles do que eu. Meu interesse está em observar algo mais, a estar aberto para algo novo: vestígios mentais. Eu não sei de onde eles vêm; nem sei de onde vem o paciente. Não me importo se ele me forneceu seu nome, endereço e telefone, já que isto não possui relevância imediata: é claro que é algo importante, por razões óbvias, mas exatamente por ser óbvio não é importante – o que é óbvio é óbvio, e não há nada mais a dizer a seu respeito. O paciente pode ter sua própria opinião daquilo que pode observar e saber por conta própria: o que é muito mais difícil para ele, é aquilo que ele não consegue observar e que o trouxe até mim. Os pacientes têm dificuldade em compreender que eles *não* vieram me procurar por já saberem as respostas, apesar de estarmos sempre ouvindo deles: "É eu sei... é eu sei... é eu sei" e, "Bem, de qualquer forma eu já sabia isto". Este tipo de afirmação é indicativa, é um sinal, é o que poderíamos chamar de um sintoma ao qual o analista deve prestar atenção, não por haver qualquer dificuldade na gramática ou sintaxe sendo empregada, mas por ser revelatória, ou poderia ser potencialmente revelatória, de um estado até então não percebido ou do qual só o paciente não se apercebeu.

É importante que o embrio-analista, o candidato, possa ousar usar sua imaginação e a articulá-la numa supervisão. Esta é uma das razões do porquê eu considero uma supervisão como sendo possivelmente valiosa: se pelo menos aqueles que me procuram ousem dizer o que pensam, e usem esta ocasião como forma de se exercitarem na articulação daquilo que pensam, através da terminologia verbal, ou qualquer outra que descubram, eu já me dou por feliz.

62 SEM TÍTULO

Uma vez um paciente me disse: "Se você pelo menos tivesse um piano aqui, eu poderia executar para você aquilo que estou sentindo; mas falar, eu não consigo". Se eu entendesse de música ficaria muito contente que ele tocasse, mas, de novo, para que a análise aconteça existem requisitos mínimos. Após certo tempo, passei a perceber quais eram as condições mínimas *para mim*, para fazer análise. O mesmo vale para qualquer outro analista: seria um grande erro, se um analista não se apercebesse disto. Podemos fazer concessões, se quisermos; podemos relaxar nossas regras, se quisermos – pelo menos temporariamente – mas isto é uma questão de conveniência e julgamento. Mas, no geral, o que precisamos saber é quais são nossas condições mínimas. Por exemplo, o paciente pode achar que tem o direito de te arrancar da sua cadeira, ou altercar-se com você, ou até às vezes de usar armas de fogo para calar as suas opiniões.

É preciso que o analista tenha claro em sua mente onde é preciso traçar um limite, a partir de onde as condições mínimas para desenvolver sua análise deixaram de existir, por terem sido negadas e, por isso, deterioradas. Isto acontece com uma criança que não sabe como se comportar na sala de análise, deixando os pais sem saber como se comportar diante do analista que está tentando analisar seus filhos. Mas o analista precisa ser muito firme e claro, ao estabelecer as condições mínimas, sem as quais lhe seria impossível desenvolver a análise. Esta é a única razão para exercer certa disciplina; não por querermos impedir alguém de fazer aquilo que deseja; necessariamente, sequer queremos que eles venham se analisar. As pessoas estão livres para buscar uma análise se quiserem, mas nós também somos obrigados a dizer quais as condições que necessitamos para levar adiante esta tarefa.

O ponto que estamos discutindo e, para o qual isto é relevante, é a questão da imaginação especulativa. A menos que o analista se faculte o exercício da imaginação especulativa, ele não conseguirá produzir as condições nas quais o germe de uma ideia científica possa florescer. Precisamos ter em mente que mesmo a própria psicanálise está no começo de sua carreira. É só recentemente que a raça humana aprendeu como... (interrupção da gravação).

Existem muitos tipos diferentes de linguagens: algumas formas são difíceis de serem traduzidas em linguagem articulada, por não serem realmente formas articuladas de comunicação. Os chineses, por exemplo, possuem uma profusão de signos hieroglíficos. Isto não se aplica só a esta língua: pode existir também um conflito entre, por exemplo, os chineses e os russos, apesar de que superficialmente possa haver concordância entre suas ideias a respeito de como a raça humana deveria ser governada. Mas os chineses, com seu método hieroglífico de comunicação, também atribuem muita importância aos pequenos músculos da face e têm preferência a se comunicarem com pessoas ricas em expressão facial – ou seja, em expressão muscular – quando falam. Eles não gostam de pessoas com faces impassíveis. Portanto, pode existir uma grande concordância entre as ideias de raças diferentes, mas grandes diferenças que não são expressas abertamente, por serem expressas através de meios físicos musculares. Num famoso guia da Espanha, Ford (1845, vol. 1, p. 83), fornece uma boa descrição dos gestos comumente empregados através das mãos etc. isto é muito informativo e mostra quanta importância duas pessoas conversando conferem àquilo que falam, e como isto é acompanhado por movimentos musculares nas mãos e nas faces.

O analista precisa ter bastante clareza, ou o máximo que puder ao longo do tempo, a respeito de quais são os requisitos mínimos sob os quais ele se propõe a existir. Por exemplo, acho que se alguém quer ter uma análise ela terá que vir a meu consultório, pois eu não teria meios ou tempo para ir até elas. Não é que isto seja particularmente algo vantajoso para o paciente, trata-se simplesmente de uma limitação imposta a mim por minha conta. Resta-me lhe dizer: "Preciso lhe pedir para vir se encontrar comigo aqui num horário especifico, para ter algumas sessões, caso seja do seu interesse". Mas as coisas não são tão simples assim, há tantas coisas que não se consegue formular facilmente, e só após você puder saber como o paciente se comporta em termos de comunicação, obstrução, hostilidade etc., é que você poderá definir se a situação será viável ou não. A razão para discutir este assunto é porque você precisa estar preparado para dizer ao paciente – "chegamos onde era possível" – não porque você queria impedi-lo de fazer algo que ele goste, mas sim porque você reconhece que ele quer ter análise e você precisa saber se está ou não em condições de levar adiante a análise nas condições que o paciente está propondo.

Se você pretende ser um analista, você precisa se reservar o direito de ser tolerante com suas especulações, sua imaginação especulativa. Talvez você gostaria de esculpir, pintar, desenhar, compor música ou ficção para arejar sua imaginação, para dar a ela uma chance de se desenvolver em algo de caráter científico.

Outra subcategoria, semelhante à anterior, é a razão especulativa. Aqui, novamente, você pode emprestar sua razão para qualquer tarefa. Os raciocínios são extremamente prolíficos, eles florescem e espocam como ervas daninhas. Como já disse, eles podem ser como sarças que proliferam tão vigorosamente que inviabilizam o seu cultivo. Isto significa que no curso desta especulação imaginativa, desta razão especulativa, não há qualquer motivo particular para impedirmos o exercício de nossa especulação e raciocínio, aliás, me ocorrem várias razões para não fazê-lo. Mas acho que isto não deveria ser produzido durante muito tempo como um mero tipo de arroubo, como descrito por Valéry: imagina-se que o poeta vai dormir, ou se permite uma bebedeira, e acorda capacitado a escrever um poema.[14] Ele diz que não é assim que se escreve um poema: de fato, no seu entender, o poeta está mais próximo de ser um matemático. Portanto, ao mesmo tempo que afirmo a extrema importância de exercitar sua imaginação, de dar-lhe livre curso, de dar-lhe a chance de florescer, é preciso também mantê-la sob algum tipo de disciplina.

Em algum ponto, no curso do uso da sua imaginação, você tenta conjeturar que tipo de pessoa seria aquela com quem você está tentando se relacionar. Quando a pessoa lhe procura no consultório, isto pode começar a se esclarecer a partir das respostas fornecidas por ela em relação a seu nome, endereço, telefone etc. Mas você pode ir mais longe: você pode constatar se se trata de um homem ou mulher, se é alto ou baixo, se as roupas a escondem ou revelam. É preciso interpretar as roupas que estão sendo usadas, os gestos praticados e especular: "Seria possível imaginar que pessoa é esta, parecida com X, que acaba de adentrar meu consultório?" Será que você algum dia poderia imaginar que uma pessoa assim tão parecida a um ser humano, pudesse existir? Ou que aquela pessoa, que tem tudo de um homem, mas que exibe ruge nas faces, ou está vestindo roupas esportivas, poderia existir? Se você for franco, acho que teria que admitir que não. Um fato, é aquilo que é realmente incrível. Inversamente, quando entra alguém em seu consultório que se parece com os demais, é ainda preciso reter seu ceticismo e dizer: "É possível existir alguém exatamente igual aos outros?". Você tem que acreditar em seus sentidos e dizer: "Sim, aparentemente". Os fatos podem ser difíceis de acreditar, mas não se deixe enganar em acreditar neles por serem fatos.

Em que, então, você vai acreditar? Quando você sabe em que acredita, então, você pode achar útil poder comunicá-lo a alguém que não é você. Posso acreditar que poderia ser útil tentar comunicar a pessoas que não são eu, o que acho que a psicanálise seja, ou como deveria me comportar como psicanalista. Não sei se é realmente possível, mas *é* possível que outras pessoas possam ter uma ideia de como eu faço psicanálise, se tiverem a chance de descobrir. Eles necessariamente não precisam acreditar que aquilo que eu falo, casa com aquilo que eu faço: eles podem formar uma opinião própria. Mesmo quando você não está seguro a respeito desta questão de mente e supermente, um superego, um id, um *atman*,[15] talvez você consiga chegar a ter uma ideia de como se poderia descrever a estrutura da personalidade, sua arquitetura, como um subproduto daquilo que você observa quando uma pessoa chega ao seu consultório e diz, ostensiva e verdadeiramente, que quer uma análise. Isto requer uma imaginação especulativa, um raciocínio especulativo, ou em termos pictóricos, a chegada de um bebê recém-nascido que abre seus olhos e encara sua mãe: isto pode ser imaginado ou pictorializado, depende da sua preferência.

E depois? Que estágio se seguiria a uma especulação e reconstrução imaginativa deste tipo? Possivelmente a reconstrução participaria da descoberta do estágio: provavelmente nós tentaríamos formular um tipo de arquitetura, a construção de um sistema de pensamento com forma estável. Eu consigo imaginar várias versões disto, como, por exemplo, a exploração de matrizes desenvolvida por Cantor. Estamos familiarizados com a tentativa de Freud de construir um sistema; estamos também familiarizados com o fato que ele sentia não ter completado sua investigação, que sua vida não tinha se prolongado o suficiente, possibilitando-o de se sentir satisfeito por ter podido completar seu sistema ou aquilo do qual se sentia capaz. O problema precisa ser passado adiante, delegado a seus sobreviventes, a herança transfere-se a outros que poderiam ser chamados de sua família profissional, seus colegas de profissão.

Recentemente, até os matemáticos consideraram teorias como o "Princípio da Incerteza de Heisenberg" como sendo teorias de incompletude: eles sugerem como a mesma consciência de incompletude ou incerteza penetrou em coisas que pareciam estar bem estabelecidas, como a matemática e a lógica. Mesmo uma construção lógica pode ser criticada em termos lógicos: isto quer dizer que ainda resta algum tipo de lógica desde que ampliemos nossa compreensão da lógica, em vez de considerarmos a lógica falha. É isto o que vem acontecendo com os intuicionistas como Brouwer, Heyting e outros; eles estão investigando ou propondo uma matemática que desperta uma boa dose de hostilidade da parte dos matemáticos instituídos. Na metapsicologia, a investigação de Gödel, sua teoria sobre a "Lei da Medianidade Excluída", também desperta curiosidade. Poder-se-ia dizer que este exercício de curiosidade e de especulação, estende-se até aos campos da especulação. Neste sentido, podemos dizer que há algo que até agora não foi revelado, mas que o foi em grau suficiente para demonstrar o desconhecido, mesmo em psicanálise: a ideia da existência de *um* inconsciente, bem como de uma *qualidade* de inconsciente – as coisas são inconscientes, nós temos sentimentos e ideias inconscientes.

Também, seria razoável considerar um inconsciente que nunca tenha sido outra coisa, que nunca tenha sido consciente. Eu suspeito que uma pista para isto nos é dada pela teoria da identificação projetiva de Melanie Klein. Até o feto desenvolve uma capacidade para aquilo que, mais tarde, passa a ser chamado de identificação projetiva. Em outras palavras, ele possui sentimentos ou ideias primordiais com os quais ele tenta lidar evacuando-os: um mecanismo primitivo derivado talvez da capacidade física literal da evacuação, de modo que o fluido amniótico fica poluído pelo mecônio. O que estou sugerindo é que, além dos estados de mente consciente e inconsciente, pode existir algum outro. O mais aproximado que consigo, no sentido de oferecer a isto um título provisório, seria "Um estado de mente *inacessível*". Ele pode tornar-se inacessível pelo fato do feto poder se livrar dele tão logo lhe seja possível. Quer se trate de uma consciência de seu batimento cardíaco, ou uma percepção de sentimentos de terror, de som, ou de visão – o tipo de visão experimentado quando se exerce pressão nas fossas ópticas em função de mudanças na pressão do fluido intrauterino –, tudo isto nunca será aquilo que chamaríamos ou de consciente ou de

68   SEM TÍTULO

inconsciente. É difícil de contemplar esta situação, pois quando a estamos contemplando, estamos num estado de mente consciente, como quando acordamos e dizemos que tivemos um sonho. Esta é uma elaboração num estado de mente apropriado a um estado de mente que chamamos de "vigília". Mas o sonho ocorreu – caso tenha sido um sonho – quando estávamos adormecidos, e este é um estado de mente bem diferente. Portanto, a avaliação consciente deste evento, desses lugares para os quais nos dirigimos, estes lugares que visitamos, é com certeza errônea. Provavelmente será racional: Freud sugere que os sonhos são racionais, que a eles se podem dar interpretações racionais, o que é perfeitamente verdadeiro. Mas isto não é da essência do sonho. Quando alguém completamente acordado tem uma dessas experiências, dizemos que ele está alucinado ou delirante: este estado de mente não tem sido investigado, pois é muito mais simples encaminhar aquele paciente para um Hospital Mental, ou remetê-lo a um estado de mente completamente diferente, mediante a administração de drogas.

De qualquer modo, isso precisa ser investigado por alguém que esteja bem acordado, plenamente consciente, e em posse de todos seus sentidos. Quando digo "todos seus sentidos", não estou me referindo a tudo aquilo que meus contemporâneos, bem como as pessoas racionais e sensatas chamam "sentidos": eu estou incluindo sentidos dos quais nem eu mesmo posso estar total ou particularmente consciente, o princípio da incerteza, o princípio da incompletude. Portanto, nem os matemáticos poderão ajudar muito, pois acho que eles mesmos chegaram a um impasse similar quanto a este problema de tentar elaborar aquilo que chamam de pensamento ou pensar rigorosos. Eu já falei disso quando me referi ao fato de que um estado de arroubo, ou expressões de excitação extática não são úteis: nós precisamos algum tipo de disciplina, de rigor de pensamento. Ainda não disse qual seria este tipo de rigor, nem acho que seria capaz. Talvez algum dia, mesmo hoje, alguém possa fazê-lo. Mas, antes de tudo, este alguém deverá estar inteirado e apto a reconhecer um estado de mente que não é adequado. Não há muito espaço para dogmatismos ou fanatismos, já que representam excessos, atitudes que ultrapassam um ponto do qual não há volta. Alguém com tal disciplina, ou tal grau de rigor, ou tal grau de fanatismo, não está próximo dos campos que precisamos explorar melhor.

Como estamos agora embarcando num tema algo diferente, seria conveniente considerar qual é o tema no qual estamos embarcando. Ele está muito relacionado com esta questão de julgamento, pois, nesta altura, possuímos bastante informação a partir da qual operar. Se considerarmos por um momento aquilo que compilamos, aquilo que temos a inteligência de poder compilar, como teríamos a sabedoria de saber qual a parte desta informação, que foi reunida, merece ser aprofundada *de imediato*? Em que consiste ordenar todo este material: colocá-lo em ordem de precedência? Quem? Ou o quê, escolhe ou decide ou age como autoridade na pessoa? Pode ser possível que o assunto possa ser iluminado em certo grau observando-se (interrupção da gravação).

Notas

1. (N.T.) – Ou seja, algo que é físico.

2. (N.T.) – A expressão *"swim into my ken"* Bion tomou emprestada de Keats em seu soneto, "On first looking into Chapman's Homer": "Then felt I like some watcher of the skies/When a new planet swim into his ken". Note-se a sutileza desta formulação: não se pode ignorar algo só por ser desconhecido, nem por já ter sido descoberto.

3. (N.T.) – "A nulidade".

4. (N.T.) – George Steiner, um dos mais importantes pensadores da *poiesis* do pensamento, sugere que a poesia tenta reinventar a linguagem inoculando-a com um sopro de vida, enquanto a filosofia trabalha para tornar a linguagem rigorosamente transparente, para purgá-la de suas ambiguidades e confusões.

70 SEM TÍTULO

No entanto, sua tese implícita, é que a filosofia e a poesia "pós-linguísticas" estão cada vez mais ancoradas em gêneros híbridos como a música, a dança, as artes figurativas e abstratas: no meu entender, estão ancoradas na *forma*.

5. (N.T.) – Cidade natal de Shakespeare.

6. (N.T.) – Sir Arthur John Evans (1851-1941), estudioso da civilização micênica, comandou as escavações do Palácio de Cnossos em Creta, a partir de 1899.

7. (N.T.) – Referência ao clima sinistro que pairava no ambiente quando MacBeth entrou nos aposentos do Rei Duncan para assassiná-lo.

8. (N.T.) – No original: "They shut the road through the woods /Seventy years ago".

9. (N.T.) – Em vários outros contextos, Bion enfatiza que o *homo alalus* (ou seja, o homem falante) pode tanto usar este instrumento para expressar a verdade, como para mentir: vem daí a expressão *homo alalus mendax*, forjada pelo escritor colombiano Fernando Vallejo.

10. (N.T.) – Mandalay é um famoso poema de Rudyard Kipling, publicado em 1892, que canta a nostalgia de um soldado do Império Britânico pelo protetorado de Burma, que esteve sob domínio inglês de 1885 a 1948 e que lhe evocava o exotismo asiático. Pondicherry é uma cidade da Índia. Samarcanda é a segunda maior cidade do Usbesquistão, conhecida como "Joia do Oriente", que abriga entre várias maravilhas arquitetônicas o "Mausoléu de Tamerlão", atraindo com suas lendas o interesse de viajantes e poetas. A referência, portanto, é a lugares a serem "visitados" só em sonho ou fantasia.

11. (N.T.) – Lembremo-nos de um dos mais importantes aforismos de Bion: "A inveja está à espreita, unicelular, prestes a tornar-se maligna".

12. Esta é uma tecla que Bion pressiona com insistência: a diferença entre "falar sobre" psicanálise e "fazer" psicanálise.

13. (N.T.) – Esta é uma observação óbvia, mas nem sempre reconhecida: Bion já assinalou algo similar quando, comentando a instalação do princípio de realidade em Freud, alerta-nos que isto não decreta a extinção do princípio do prazer.

14. (N.T.) – Visão esta oposta à de Robert Louis Stevenson, que em seu ensaio "A Chapter on Dreams" descreve que uma parte substantiva de seu Eu, por ele chamada de "homúnculos", trabalhava para ele durante o sono, entregando os textos prontos pela manhã.

15. No Hinduísmo o *atman* corresponde à alma universal, fonte das almas individuais.

Referências

Bion, W. R. (1961). *Experiences in Groups and Other Papers*. London: Tavistock.

Bion, W. R. (1962a). A Theory of Thinking. *International Journal of Psycho-Analysis,* 43: 4–5 [also in *Second Thoughts: Selected Papers on Psycho-Analysis*. London: Heinemann, 1967; reprinted London: Karnac Books, 1987].

Bion, W. R. (1962b). *Learning from Experience. London*: Heinemann [reprinted London: Karnac Books, 1984].

Bion, W. R. (1963). *Elements of Psycho-Analysis*. London: Heinemann [reprinted London: Karnac Books, 1984].

Bion, W. R. (1965). *Transformations*. London: Heinemann [reprinted London: Karnac Books, 1984].

Bion, W. R. (1974/75). *Brazilian Lectures*. Rio de Janeiro: Imago Editora [new edition in one volume, London: Karnac Books, 1990].

Bion, W. R. (1977). *Two Papers: The Grid and Caesura*. Rio de Janeiro: Imago Editora [reprinted London: Karnac Books, 1989].

74 REFERÊNCIAS

Bion, W. R. (1980). *Bion in New York and São Paulo.* Strathclyde: Clunie Press.

Bion, W. R. (1991). *A Memoir of the Future* (Books 1–3 with "A Key"). London: Karnac Books.

Bion, W. R. (1994). *Cogitations* (extended edition), ed. F. Bion. London: Karnac Books.

Fitzgerald, E. (1859). Free translation of *The Rubáiyát of Omar Khayyám.*

Ford, R. (1845). *A Hand-Book for Travellers in Spain, and Readers at Home* (2 volumes). London: John Murray.

Freud, S. (1911b). Formulations on Two Principles of Mental Functioning. *Standard Edition*, 12 (pp. 213–226). London: Hogarth Press.

Índice remissivo

ação, como usada na Grade, 17, 21

alfa

elemento(s)-, 8, 12, 41, 42

como usado na Grade, 11, 17, 19, 21, 22

função, 21-22

alucinação, 57

argumento(s) circular(es), 11, 27, 32-34

falha de, 31

frutífero *vs.* estéril, 32

Aristóteles, 19

associações livres, 61

atenção, como usada na Grade, 17, 21

função da [Freud], 20

avaliação, 11, 54-55

Beatriz, R., 13

Bion in New York and São Paulo, 14-15

Brazilian Lectures, 14

British Psycho-Analytical Society, 7, 13

Brouwer, L. E. J., 67

"caixa", elementos-beta como, 11, 40, 50

cálculo algébrico, como usado na Grade, 17

Cantor, G., 66

categorização de enunciados, com a Grade, 18

Charcot, J. B., 48

círculo, 9, 12, 32, 33, 34

classificação, 16, 25, 27

dos objetos psicanalíticos, 7

76 ÍNDICE REMISSIVO

Clough, A. H., 59

Cogitations, 8

comunicação(ões)

    análise da, 24, 25

    do artista, 24

    dificuldade de, 43-50, 66

    ao longo de séculos, 47, 58

    matemática, método de registro

    análogo a, 15, 17

    modos de, 64

    do paciente, 64

    rítmica, 11, 44

comunicação matemática, 15, 17, 29, 42, 55

conceito, como usado na Grade, 17

concepção, como usada na Grade, 17, 30

Conferência de Edimburgo, 32

conjunção constante, 19, 20, 23, 28, 29, 32

    e significado, 20

contrapartida matemática do pensamento, 33

contratransferência, 9, 16

culpa, e capacidade de mentir, 50

curiosidade, 55

Daniel, Livro de, sonhos no, 40

delírio, 57, 68

desejo e memória, 11

    importância de livrar-se de, 60-61

Édipo, como usado na Grade, 7, 8, 17, 20-21

elemento(s)-beta, 8, 12, 42, 55

    como "caixa", 11, 41, 50

    como usado na Grade, 11, 17, 18, 21, 22

elementos vestigiais arcaicos, 11, 53, 60

Elements of Psycho-Analysis, 7, 8, 14

enunciado(s), 16, 18-35

    do analista, Grade usada para classificar, 26

    correto/errado, 29

    definição do termo, 18

    inexatos *vs.* precisos, 22-23

    insaturado, 22

    interpretação como, 25

    psicanálise como, 34

    significatividade do, 29

    como transformações, 28

Evans, A., 46

Experiences in Groups, 9

fala articulada, 49

Fitzgerald, E., 44, 74

Ford, R., 63, 74

Freud, S., 20-22, 30, 40, 48, 52, 66, 68

Gênesis, Livro do, sonhos no, 40

Gödel, K., 67

Grade, 7, 13-35

gradeamento, 15

WILFRED R. BION 77

H, uso da Grade para, 19

Heisenberg, W. K., Princípio da
Incerteza de, 66

hélice, a Grade como, 14-15

Heyting, A., 67

hipótese definitória, 17
definição do termo como usado
na Grade, 19

Hugo, V., 43

Hume, D., 19

identificação projetiva, 67

imaginação, 11, 62-66
especulativa, 11, 12, 56, 57, 62, 64, 66
uso na supervisão, 61

interpretação, 15, 25-26, 30, 33-35, 40,
55, 68
e material, 34
psicanalítica *vs.* significado, 26
como transformação, 26
como enunciado, 25

intuição
desenvolvimento da capacidade de,
15, 35
treinamento da, 16

investigação, como usada na Grade,
7, 17

jogo psicanalítico, 27, 34

Joyce, J., 11

Kenner, H., 46

Kipling, R., 47

Klein, M., 67

L, uso da Grade para, 19

Lancaster, O., 44

Learning from Experience, 13, 22

Leonardo da Vinci, 58

linguagem, tipos de, 63

Los Angeles Psychoanalytic Society, 10

matemática, incerteza na, 67-69

Memoir of the Future, A, 10

memória
e desejo, 11
importância de livrar-se de, 60-61
e notação [Freud], 20

mente
aspectos vestigiais arcaicos da, 11
estado de (consciente inconsciente,
inacessível), 68

mito, como usado na Grade, 14, 22, 24

modelo, como usado na Grade, 22,
24, 31

Mozart, W. A., 58

Nachträglichkeit, 10

não-pênis, 32

não-seio, 32
e pensamento, 32

negação, 62

notação, como usada na Grade, 17, 21
e memória [Freud], 20

O, uso da Grade para, 24, 25

78 ÍNDICE REMISSIVO

objeto(s)
  bizarro, 22
  psicanalítico, 28
  classificação dos, 7
observação(ões), 15, 25-27, 34, 61
  psicanalíticas, 27
  teoria de, 27
Omar Khayyam, 44

pensamento(s), *passim*
  arcaicos, 53
  arquitetura de, 55
  desenvolvimento dos, pelo
    paciente, 9
  extraviados, 11, 38, 40, 42
  inconsciente, 12
  e não-seio, 32
  oníricos, 11, 22
  rigoroso, 68
  selvagens, 37
Poincaré, J. H., 19
preconcepção, como usada na Grade,
  17, 22, 27, 28, 30
princípio da incerteza, 66, 68
princípio da incompletude, 68, 69
psicanálise (*passim*)
  condições mínimas para, 60, 63-65

raciocínio especulativo, 12, 55, 66
reconstrução, 12, 66
resistência, 20

Shakespeare, W., 43, 45, 46, 58

significado
  vs. interpretação psicanalítica, 26
  do significante, interpretação do, 26
sistema dedutivo científico, como
  usado na Grade, 17
sonho(s), 42, 47
  vs. alucinação, 68
  na Bíblia, 40
  comunicação por meio de, 47, 56
  Freud sobre, 68
  pensamentos oníricos, como
    usados na Grade, 11, 17, 22
  significado dos, 40, 41
  trabalho-onírico-alfa, 8
    como usado na grade, 22
Stravinsky, I. F., 44
supervisão psicanalítica, 11, 55, 60, 61

Ta-alfa, 24
Ta-beta, 24
Talamo, P. Bion, 7-12
teoria, 29
  correta/errada, 28
  significado do termo como usado
    na Grade, 28
Thorner, H., 13
Tp-alfa, 24, 26
Tp-beta, 24, 25, 26
Transformação(ões), 10, 23-28, 34
  do analista, 10
  categoria de, na Grade, 26
  definição do termo, 23
  enunciado como, 28

interpretação como, 25

do paciente, 10

verbal, 54

Transformations, 10

Two Papers, 14, 17

Valéry, P. A., 64

vínculo K, uso da grade para, 19, 27

Ψ, como usado na Grade, 20